현장에서 바로바로 써먹는

세일즈 중국어

저_ 권수전

글로벌문화원   Global21

저자 권수전

부산대 학사
한국외국어대학교 석, 박사 중국현대문학 전공
현) 한양여자대학교 통상중국어과 교수

발 행 인 | 김용부
발 행 처 | 글로벌문화원
주   소 | 서울시 종로구 관철동 11-19 글로벌 빌딩 5층
대표전화 | 02) 569-6969, 02) 568-6969
팩   스 | 02) 753-6969
홈페이지 | http||/www.globalbooks.co.kr
등록번호 | 제 2-407
등록일자 | 1987년 12월 15일

현장에서 바로바로 써먹는

세일즈
중국어

들어가면서....

급변하는 세계 경제 상황 속에서 중국이 G2로 자리매김하면서, 중국은 세계에서 가장 많은 관광객을 세계로 내보내고 있다. 우리나라는 중국과 지정학적으로 가장 가까운 위치에 있고, K-pop과 드라마 등으로 대변되는 한류의 영향으로 한국을 찾는 관광객은 해마다 끊임없이 급증하는 실정이다. 급기야 문화관광부는 2020년까지 중국인 관광객 1000만 명 시대를 열겠다고 선언하기에 이르렀다. 하지만 급증하는 중국인 관광객을 맞이할 수 있는 전문 인력은 턱없이 부족한 상황이다. 중국어 학습자가 늘었다 하더라도 실제 현장에서 중국인 고객과 대화할 수 있는 학습자는 매우 적고, 중국어 전문 인력을 양성하는 기관이나 교육과정도 쉽게 찾아 볼 수 없는 실정이다. 새롭게 등장하는 중국인 관광객(요우커)를 보다 많이 유치하고 그들에게 가까이 다가가기 위해 가장 필요한 것이 바로 중국어 능력이다.

본 교재는 바로 이러한 필요에 의해서 집필된 것이며, 특히 면세점을 비롯한 백화점, 대형마트, 전통시장 등 다양한 형태의 매장에서 제품을 구매하고자 하는 중국인 고객을 대상으로 하는 "판매"에 포커스를 맞춘 실용 중국어 회화 책이라고 할 수 있다.
세계의 중심에서 가장 많은 사람들이 구사하는 중국어를 자유롭게 구사하면서 중국인 관광객에게 상품을 판매하는 판매자가 되길 원한다면, 이 교재를 통하여 가장 기본적이고 실용성 있는 문장을 익혀서 실전에 바로 사용할 수 있을 것이다. 우리나라를 찾는 중국인 관광객들이 편안하게 관광과 쇼핑을 즐길 수 있도록 친절과 배려를 베풀기 위해서 가장 먼저 갖추어야 할 것은 바로 그들과 소통할 수 있는 언어일 것이다. 두려워히지 말고 도전하기를 바란다.

옛말에 남상(濫觴)이란 말이 있다. 배를 띄울 정도의 큰 강물도 그 근원은 술잔을 띄울 정도의 적은 물이었다는 뜻으로, 모든 사물의 시발점을 가리키는 말이다. 우리도 술잔만큼 작은 물에서 시작하여 중국의 젖줄을 이룬 장강처럼 새로운 삶을 이 교재와 함께 시작하기 바란다.

본 교재가 대학 전공자나 앞으로 판매실무를 담당하게 될 학습자들과 현장 종사자들에게 많이 활용되고 유용한 학습서가 되길 바란다. 아울러 출간되기까지 애써주신 글로벌문화원, 그리고 관심과 도움을 아끼지 않으신 高飛 교수님과 曹潔 교수님께 깊은 감사의 뜻을 전하는 바이다.

2015년 첫가을 연구실에서

권 수 전

content

들어가면서 ·· 04

Ⅰ. 쇼핑 전, 이것만은 "꼭" 알아두자!

제1과   **고객맞이와 배웅하기** ································· 10

고객맞이하기 (어서 오세요.)

고객에게 말 걸기 (무엇을 도와드릴까요?)

고객에게 양해구하기 (죄송합니다. 물건이 다 팔렸습니다.)

고객 배웅하기 (즐거운 쇼핑 되세요.)

중국 '요우커'

제2과   **계산을 도와드릴까요?** ······························ 24

가격흥정 (싸게 해 주실 수 있나요?)

지불방법 (현금으로 하실 건가요, 카드로 하실 건가요?)

환불 / 교환 / 반품 (영수증을 가져오시면 환불이 가능합니다.)

제품 포장과 인도 (따로 포장해 드릴까요?)

중국 요우커의 구매 선호도

Ⅱ. 매장별 실전회화 (저랑 쇼핑하실래요?)

제 3과   **화장품1** (이 스킨은 어떠세요?) ──────────────── 40

제 4과   **화장품2** (저 립스틱 좀 보여주세요.) ──────────── 46
             면세점과 면세점 이용방법

제 5과   **향수** (친구에게 선물할 향수를 추천해 주세요.) ──── 56

제 6과   **의류** (한 번 입어보시겠어요?) ──────────── 61
             대형쇼핑몰

제 7과   **신발** (굽이 좀 낮은 건 없나요?) ──────────── 70

제 8과   **가방** (이 가방의 재료는 무엇인가요?) ──────── 75
             중국 연합카드 - 은련카드

제 9과   **기념품** (한복을 입은 인형도 있나요?) ──────── 83

제 10과   **특산품** (작은 포장의 김치는 어떻게 파나요?) ──── 88
             모바일 결제

Ⅲ. 부록 우리 나라 주요 음식 중국어 표기 및 본문해석 ──────── 99

I

쇼핑 전, 이것만은 "꼭" 알아두자!

제1과 고객맞이와 배웅하기

 고객 맞이 (어서 오세요.)

1. **欢迎光临！**
   Huānyíng guānglín!

2. **您好！/ 大家好！**
   Nín hǎo! / Dàjiā hǎo!

3. **早上好！（中午 / 下午 / 晚上）**
   Zǎoshang hǎo! (zhōngwǔ / xiàwǔ / wǎnshang)

4. **请进！**
   Qǐng jìn!

5. **劳驾！**
   Láojià!

새로운 단어

欢迎 huānyíng
환영(하다)

光临 guānglín
왕림(하다), 오다

劳驾 láojià
죄송합니다, 실례합니다,
수고하십니다

10

6. 打扰一下。
Dǎrǎo yíxià.

7. 打扰您了。
Dǎrǎo nín le.

8. 麻烦您了。
Máfan nín le.

 ## 설명

1. 打扰您了。麻烦您了。

중국어의 '谢谢'(감사합니다, 고맙습니다.)라는 뜻이다.

> 예 A: 这是您的咖啡。 여기 커피입니다.
> Zhè shì nín de kāfēi.
>
> B: 麻烦您了。 감사합니다.(번거롭게 하네요.)
> Máfan nín le.
>
> A: 你来了，请坐。 오셨군요. 앉으세요.
> Nǐ lái le, qǐng zuò.
>
> B: 打扰您了。 고맙습니다.(폐를 끼치네요.)
> Dǎrǎo nín le.

2. 劳驾。打扰一下。

'죄송합니다. 실례합니다. 수고하십니다.'라는 뜻이다. 부탁이나 양보를 청할 때 쓰는 겸손한 말로 '对不起, 不好意思'의 의미이다.

예 A: 劳驾，给我看看这本书。 실례지만, 제게 이 책을 좀 보여주세요.
Láojià, gěi wǒ kànkan zhè běn shū.

B: 好的。 네.
Hǎo de.

A: 打扰一下，这里卖咖啡吗? 죄송하지만, 여기서 커피도 파나요?
Dǎrǎo yíxià, zhèlǐ mài kāfēi ma?

B: 是的，卖咖啡。 네, 커피 팝니다.
Shì de, mài kāfēi

고객에게 말 걸기 (무엇을 도와드릴까요?)

1. 你要买什么东西?
Nǐ yào mǎi shénme dōngxi?

2. 你想买什么?
Nǐ xiǎng mǎi shénme?

3. 你想买点儿什么?
Nǐ xiǎng mǎi diǎnr shénme?

4. 我能帮你吗?
Wǒ néng bāng nǐ ma?

5. 不用 / 不要 / 只是看看。
Bú yòng / Bú yào / Zhǐ shì kànkan.

새로운 단어

东西 dōngxi 것, 물건, 사물

帮 bāng 돕다, 거들다

6. 需要帮忙吗?

Xūyào bāngmáng ma?

7. 有什么可以帮您的吗?

Yǒu shénme kěyǐ bāng nǐn de ma?

8. 要不要我给您介绍一下?

Yào bu yào wǒ gěi nín jièshào yíxià?

9. 请慢慢儿看。

Qǐng mànmānr kàn.

10. 请随便看看。

Qǐng suíbiàn kànkan.

11. 请慢慢儿选购。

Qǐng mànmānr xuǎngòu.

12. 请给我看看。

Qǐng gěi wǒ kànkan.

13. 请让我看一看。

Qǐng ràng wǒ kàn yi kàn.

14. 请给我这个。

Qǐng gěi wǒ Zhège.

새로운 단어

帮忙 bāngmáng
일(손)을 돕다, 도움을 주다

慢慢儿 mànmānr 천천히

随便 suíbiàn
마음대로, 좋을대로, 자유로이

选购 xuǎngòu 골라서 사다

설명

1. **你要买什么东西?**

   1) 조동사 '要'가 주관적인 의지를 나타낼 때는 '～하려고 하다'로 해석되며, 부정은 '不想'이다.

      예 A：**你要吃饭吗?** 식사 하실래요?
      Nǐ yào chī fàn ma?

      B：**不想。** 아니요.
      Bù xiǎng.

   2) 조동사 '要'가 객관적인 요구를 나타낼 때는 '～해야 한다'로 해석되며, 부정은 '不想'이다.

      예 A：**要上课吗?** 수업하셔야 하나요?
      Yào shàng kè ma?

      B：**不想。** 아니요.
      Bù xiǎng.

   3) '不要'는 '～하지 말라'는 의미의 금지를 나타낸다.

      예 **不要看。** 보지 마세요.(보면 안됩니다.)
      Bú yào kàn.

      不要听。 듣지 마세요.(들으면 안됩니다.)
      Bú yào tīng.

2. **你想买什么?**

   조동사 '想'은 항상 동사의 앞에 놓여 기대를 나타낸다. 부정형은 동사 앞에 '不想'를 붙이면 된다.

   예 **我想回家。** 집에 가고 싶습니다.
   Wǒ xiǎng huíjiā.

   我不想买东西。 저는 물건을 사고 싶지 않습니다.
   Wǒ bù xiǎng mǎi dōngxi.

3. **要不要**我给您介绍一下?

진술문에서 동사(조동사) 혹은 형용사의 긍정형식과 부정형식을 병렬하면 의문문을 만들 수 있는데, 이를 정반의문문이라 한다.

예 好不好? 좋습니까, 안좋습니까?
Hǎo bu hǎo?

吃不吃? 먹어요, 안 먹어요?
Chī bu chī?

想不想吃? 먹고 싶으신가요, 아닌가요?
Xiǎng bu xiǎng chī?

 고객에게 양해구하기 (죄송합니다. 물건이 다 팔렸습니다.)

새로운 단어

1. 请稍等。
Qǐng shāo děng.

2. 对不起，让您久等了。
Duìbuqǐ, ràng nín jiǔ děng le.

3. 请原谅，让您久等了。
Qǐng yuánliàng, ràng nín jiǔ děng le.

4. 对不起，卖完了。/ 都卖了。/ 没有了。
Duìbuqǐ, mài wán le. / dōu mài le. / méi yǒu le.

稍 shāo
약간, 조금, 잠깐, 잠시

等 děng 기다리다

久 jiǔ 오래되다, 시간이 길다

卖 mài 팔다

5. 什么时候到货呢?
Shénme shíhou dào huò ne?

6. 对不起，打断您说话……
Duìbuqǐ, dǎduàn nín shuō huà……

7. 请再说一遍。
Qǐng zài shuō yí biàn.

8. 您可以再说一遍吗?
Nín kěyǐ zài shuō yí biàn ma?

9. 您再说一遍好吗?
Nín zài shuō yí biàn hǎo ma?

10. 我会说一点儿汉语(韩语/日语/英语)。
Wǒ huì shuō yì diǎnr Hànyǔ(Hányǔ/Rìyǔ/Yīngyǔ).

11. 不好意思，我不会说汉语。
Bù hǎo yìsi, wǒ bú huì shuō Hànyǔ.

12. 对不起，我汉语说得不太好。
Duìbuqǐ, wǒ Hànyǔ shuō de bú tài hǎo.

13. 我叫会说汉语的人来，请稍等一下。
Wǒ jiào huì shuō Hànyǔ de rén lái, qǐng shāo děng yíxià.

14. 对不起，我听不懂。
Duìbuqǐ, wǒ tīng bu dǒng.

새로운 단어

遍 biàn
번. 차례. 회(한 동작의 처음부터 끝까지의 전 과정을 가리킴)

会 huì
〜할 수 있다. 〜 할 줄 알다

懂 dǒng 이해하다. 알다

15. 请慢点儿说。
Qǐng màndiǎnr shuō.

16. 没事儿。
Méi shìr.

17. 没关系。
Méi guānxi.

18. 不客气。
Bú kèqi.

19. 别客气。
Bié kèqi.

20. 不用谢。
Bú yòng xiè.

21. 真抱歉。
Zhēn bàoqiàn.

22. 不好意思。
Bù hǎo yìsi.

설명

1. 让您久等了。

사역동사 '请, 让, 叫' 등의 목적어는 뒤에 나오는 술어의 주어가 되고, 다시 술어를 가진다. 이처럼 두 개의 문장성분을 겸하는 것을 '겸어'라 하고, 이런 문장을 '겸어문'이라고 한다. 'A는 B로 하여금 V하게 하다'는 형태를 띤다.

> 예 请你开门。 문을 여세요.
> Qǐng nǐ kāi mén.
>
> 让你去图书馆。 도서관으로 가주세요.
> Ràng nǐ qù túshūguǎn.
>
> 叫你回家。 집으로 돌아가세요.
> Jiào nǐ huíjiā.

2. 我不会说汉语。

1) 조동사 '会'는 어떤 기술이나 능력을 갖고 있음을 나타낸다. 주로 배워서 학습한 능력에 대해 쓰인다. 부정은 '不会'로 한다.

> 예 我会说汉语。 저는 중국어를 할 줄 압니다.
> Wǒ huì shuō Hànyǔ.
>
> 我不会说汉语。 저는 중국어를 할 줄 모릅니다.
> Wǒ bú huì shuō Hànyǔ.

2) 조동사 '会'는 동사 앞에 쓰여 미래에 대한 추측과 가능성을 나타낸다. 부정은 역시 '不会'로 한다.

> 예 今天会去商店。 오늘 상점에 갈 겁니다.
> Jīntiān huì qù shāngdiàn.
>
> 今天不会来了。 오늘은 올 수 없습니다.
> Jīntiān bú huì lái le.

3. 我汉语说得不太好。

동사의 정도를 나타내는 보어를 '정도보어'라고 하는데, 정도보어의 자리에는 일반적으로 형용사가 많이 쓰인다. 동사와 정도보어는 구조조사 '得'로 연결된다. 부정형식은 정도보어 앞에 '不'를 덧붙이고 정반의문문 형식은 보어의 긍정형과 부정형을 병렬시켜 만든다.

> 예 他写得很好。 그는 글씨를 잘 씁니다.
> Tā xiě de hěn hǎo.
>
> 他写得不好。 그는 글씨를 잘 쓰지 못합니다.
> Tā xiě de bù hǎo.
>
> 他写得好不好? 그는 글씨를 잘 씁니까?
> Tā xiě de hǎo bu hǎo.

★ 동사가 목적어를 가질 경우, 정도보어를 가진 문장의 구조는 두 종류이다.

> 예 형식1: 他写汉字写得很好。 그는 한자를 잘 씁니다.
> Tā xiě Hànzì xiě de hěn hǎo.
>
> 형식2: 他汉字写得很好。 그는 한자를 잘 씁니다
> Tā Hànzì xiě de hěn hǎo.

4. 我听不懂。

어떤 동작이 실현될 수 있는지의 여부를 나타내는 보어를 가능보어라 한다. 형식은 '동사+得/不+동사/형용사'이며, 정반의문문은 가능보어의 긍정형과 부정형을 병렬시켜 만든다.

> 예 긍정형: 我吃得完这个面包。 저는 이 빵을 다 먹을 수 있습니다.
> Wǒ chī de wán zhège miànbāo.
>
> 부정형: 我吃不完这个面包。 저는 이 빵을 다 먹을 수 없습니다.
> Wǒ chī bù wán zhège miànbāo.
>
> 정반의문문: 你吃得完吃不完这个面包? 당신은 이 빵을 다 먹을 수 있습니까, 없습니까?
> Nǐ chī de wán chī bù wán zhège miànbāo?

고객 배웅하기 (즐거운 쇼핑 되세요.)

1. 谢谢！
   Xièxie!

2. 再见！
   Zài jiàn!

3. 慢走！
   Màn zǒu!

4. 下次再来！
   Xià cì zài lái!

5. 欢迎下次再来！
   Huānyíng xià cì zài lái!

6. 欢迎您下次光临！
   Huānyíng nín xià cì guānglín!

7. 请再次光临！
   Qǐng zài cì guānglín!

8. 谢谢，请慢走！
   Xièxie, qǐng màn zǒu!

9. 谢谢，祝您购物愉快！
   Xièxie, zhù nín gòuwù yúkuài!

10. 谢谢您光临我们商场！
    Xièxie nín guānglín wǒmen shāngchǎng!

새로운 단어

购物 gòuwù 물건을 사다

愉快 yúkuài
유쾌하다, 즐겁다, 기분이 상쾌하다

商场 shāngchǎng
쇼핑센터, 상가, 아케이드

祝 zhù
기원하다, 축복하다, 축하하다

11. 请走好，欢迎下次再来！
Qǐng zǒu hǎo, huānyíng xià cì zài lái!

12. 祝您旅游愉快，欢迎再次光临！
Zhù nín lǚyóu yúkuài, huānyíng xià cì guānglín!

설명

1. 走好

동사 뒤에 놓여 동작의 결과를 나타내는 보어를 결과보어라 한다. 결과보어는 보통 동사나 형용사로 이루어진다. 결과보어 '好'는 동작이 완성되었거나 혹은 완벽한 정도에 도달했음을 나타내며, '결정'의 뜻을 나타내기도 한다.

예 我一定学好英语。 나는 반드시 영어를 마스터할 것이다.
Wǒ yídìng xuéhǎo Yīngyǔ.

我们说好一起去图书馆。 우리는 함께 도서관에 가기로 얘기했습니다.
Wǒmen shuōhǎo yìqǐ qù túshūguǎn.

2. 祝您购物愉快！

동사 祝는 '축하하다', '축복하다'라는 뜻 외에, '빌다', '기원하다'의 뜻을 가진다.

예 祝你旅行愉快！ 즐거운 여행되세요!
Zhù nǐ lǚxíng yúkuài!

祝你生日快乐！ 생일 축하합니다!
Zhù nǐ shēngrì kuàilè!

祝你学习顺利！ 공부가 잘 되시길 빕니다!
Zhù nǐ xuéxí shùnlì!

祝你全家身体健康！ 모든 가족이 건강하시길 기원합니다!
Zhù nǐ quánjiā shēntǐ jiànkāng!

중국 '요우커'

요즘 명동, 동대문, 제주도 등 우리나라 유명 관광지뿐만 아니라, 평소 거리를 거닐다 보면 중국인 관광객은 물론 중국어 간판도 눈에 띄게 늘었다는 사실을 알 수 있다. 중국인 관광객을 '요우커 游客 [yóukè]'라고 부르는데, 본래 '요우커'는 관광객을 의미하는 중국어이나 전세계적으로 늘어나는 중국인 관광객을 원음대로 이렇게 부르고 있다.

우리나라를 방문하는 중국인 관광객 수는 2005년 310만명 이후로 지속적으로 증가하고 있으며, 특히 2010년 이후 급증하는 추세에 있다. 한국관광공사에 따르면 2012년 283만 6,829명, 2013년 432만 6,869명, 2014년 612만 6,865명 등으로 매년 큰 폭의 상승세를 보이고 있다. 이런 상승세라면 2018년에는 요우커가 1,000만 명이 넘을 것으로 예상하고 있다. (세계일보. 인터넷뉴스. 2015년 5월 27일. ['2018년 요우커 1000만 육박' 요우커를 발길 잡는 맞춤형 관광 숙박 필요하다])

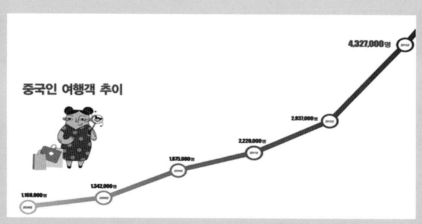

⟨출처: 한경BUSINESS [COVER STORY] 요우커노믹스 왕서방을 잡아라. 2014년 8월 11일⟩

요우커들이 해마다 증가하는 이유는 크게 다음의 세가지를 들 수 있다.

첫째. 한국과 중국의 가까운 지정학적 위치

인천에서 베이징까지의 비행 소요시간은 약 2시간 반 정도로 매우 가까운 거리에 있다는 것이다. 게다가 베이징에서 홍콩으로 가는 것보다 비용 또한 저렴하다. 인천국제공항은 세계에서 규모가 가장 크고 쇼핑을 잘 할 수 있는 곳으로도 유명하기 때문이다.

둘째, 한류의 영향

2000년 대 초반, K팝과 드라마에 대한 관심으로 한국을 방문하는 중국인들이 조금씩 늘어나기 시작했다. 그들은 한국에 와서 배우나 아이돌을 만나고, 영화나 드라마 촬영지를 구경하는 경우가 많아지게 되었다. 또한 그로 인하여 한국 화장품에 대한 관심도 자연스레 높아졌다. 한국 면세점의 화장품 매장이나 로드샵에 가면 중국인들이 줄지어 서 있는 것을 심심찮게 볼 수 있다. 요우커들이 한국에 와서 가장 많은 지출을 하는 분야가 바로 화장품 구매와 성형수술이다.(인터넷 Yakup 신문. 2015년 9월 16일. [인천공항 면세점 매출 1위 화장품, 전체 품목의 40% 육박]) 한국 화장품은 저렴한 가격에 비해 품질이 좋아서 중국인들의 마음을 사로잡고 있다. 성형수술 역시 중국인들을 유혹하는 한류 상품 중 하나이다. 실제로 성형을 위해 방한하는 요우커의 수 또한 증가하는 게 사실이다. 요우커들이 뷰티 시장에 지대한 영향을 미치는 만큼, 중국 여성들의 미에 대한 관심이 국내 성형시장에도 그 영향력이 더 높아질 것이라고 한다.(한경닷컴. 2015년 8월 25일. [유커의 관광동향, 성형을 위해 한국으로])

셋째. 안전하고 친절한 서비스

늦은 밤에도 어디나 안전한 곳, 아무리 까다롭게 해도 웃어주고 다 받아주는 백화점과 면세점, 다시 말하면 어떤 고객에게라도 친절과 웃음을 잃지 않는 서비스가 몸에 밴 한국 직원들의 자세가 우리 나라를 찾는 원동력이 되고 있다.

아무리 가까워도 한국 역시 그들에게는 외국이며, 깨끗한 관광지, 친절한 서비스, 보장된 제품의 질과 상대적으로 저렴한 가격 등이 중국의 요우커 들이 한국을 찾는 가장 큰 이유가 아닐까 싶다.

제2과 계산 도와드릴까요?

🛍 **가격흥정 (싸게 해 주실 수 있나요?)**

1. **怎么卖?**
   Zěnme mài?

2. **多少钱一个?**
   Duōshao qián yí ge?

3. **一共多少钱?**
   Yígòng duōshao qián?

4. **请帮我换一下零钱，好吗?**
   Qǐng bāng wǒ huàn yíxià língqián, hǎo ma?

5. **您找错钱了。**
   Nín zhǎo cuò qián le.

새로운 단어

怎么 zěnme
어떻게, 어째서(방식, 원인, 성질, 사정 등을 물음)

一共 yígòng
전부, 모두, 합계

换 huàn 교환하다, 바꾸다

零钱 língqián 잔돈, 푼돈

找 zhǎo 거슬러주다, 찾다

错 cuò 틀리다

6. 请跟我到那边的收银台。
Qǐng gēn wǒ dào nàbiān de shōuyíntái.

7. 我帮您交款。
Wǒ bāng nín jiāokuǎn.

8. 对不起，请您排队等一会儿。
Duìbuqǐ, qǐng nín páiduì děng yíhuìr.

9. 太贵了！
Tài guì le!

10. 能便宜点儿吗？
Néng piányi diǎnr ma?

11. 便宜点儿！
Piányi diǎnr!

12. 再便宜点儿！
Zài piányi diǎnr!

13. 给个最低价！
Gěi ge zuì dī jià!

14. 太贵了，不买了。
Tài guì le, bù mǎi le.

15. 去别的地方看看再说。
Qù bié de dìfang kànkan zài shuō.

16. 这里不讲价。
Zhè li bù jiǎngjià.

17. 这里不二价。
Zhè li bú'èrjià.

18. 不能给折扣。
Bù néng gěi zhékòu.

19. 我们这里是固定价，不能讲价。
Wǒmen zhèli shì gùdìng jià, bù néng jiǎngjià.

20. 这是我们公司规定的价格，
Zhè shì wǒmen gōngsī guīdìng de jiàgé,

不能随便变动。
bù néng suíbiàn biàndòng.

21. 对不起，这是我们的规定。
Duìbuqǐ, zhè shì wǒmen de guīdìng.

22. 好的，我给您便宜一千韩元。
Hǎo de, wǒ gěi nín piányi yì qiān hányuán.

23. 不能再低了。
Bù néng zài dī le.

24. 不能再低了，
Bù néng zài dī le,

但是我可以给您赠品(商品券)。
dànshì wǒ kěyi gěi nín zèngpǐn(shāngpǐnquàn).

새로운 단어

减价 jiǎnjià 가격을 내리다
讲价 jiǎngjià 가격을 흥정하다
不二价 bú'èrjià 정찰가격
固定价 gùdìng jià
고정가격

赠品 zèngpǐn 증정품
商品券 shāngpǐnquàn
상품권

25. 买一送一。
Mǎi yī sòng yī.

26. 买两个可以便宜一些。
Mǎi liǎng ge kěyi piányi yì xiē.

27. 有打折活动。
Yǒu dǎzhé huódòng.

28. 今天有特价活动。
Jīntiān yǒu tèjià huódòng.

29. 现在是打折期间。
Xiànzài shì dǎzhé qījiān.

30. 对不起，现在不是打折期间。
Duìbuqǐ, xiànzài bú shì dǎzhé qījiān.

31. 现在是百货店打折期间。
Xiànzài shì bǎihuòdiàn dǎzhé qījiān.

32. 现在打七折。
Xiànzài dǎ qī zhé.

설명

1. **去别的地方看看再说!**

   동사의 중첩은 동작이 이루어지는 시간이 짧거나 혹은 동작이 가볍게 행해짐을 나타낸다. 때로는 시험삼아 어떤 행동을 함을 나타내기도 한다. 단음절 동사의 중첩형식은 'AA'이며, 쌍음절동사의 중첩형식은 'ABAB'이다. 단음절 동사의 경우 사이에 '一'를 넣어 'A一A'형식으로 중첩할 수 있다.

   예 问问 wènwen 물어 보다

   问一问 wèn yi wèn 물어 보다

   介绍介绍 jièshào jièshào 소개해 주다

2. **(虽然)不能再低了, 但是我可以给您赠品(商品券)。**

   '虽然……但是……' '비록~지만' 이라는 뜻으로, 전환관계를 나타내는 복문을 만들 수 있다.'虽然'은 첫 번째 문장의 주어 앞이나 주어 뒤에 놓이며, '但是'(혹은 '可是')는 두 번째 문장의 앞에 놓인다. '虽然'이나 '但是(可是)'둘 중 하나를 생략해도 의미는 변하지 않는다.

   예 这个东西(虽然)很好, 但是很贵。 이 물건은 (비록) 좋기는 하지만, 비쌉니다.
   Zhège dōngxi (suīrán) hěnhǎo, dànshì hěn guì.

   汉语(虽然)很有意思, 但是很难。 중국어는 (비록) 재미는 있지만, 어렵습니다.
   Hànyǔ (suīrán) hěn yǒu yìsi, dànshì hěn nán.

3. **现在打七折。**

   打折는 '할인하다'라는 뜻으로, 할인률은 '打+숫자('一'부터 '九'까지)+折'의 형태로 만든다.

   예 打五折 dǎ wǔ zhé / 打对折 dǎ duì zhé 반값할인

   打七折 dǎ qī zhé 30%할인

   打八折 dǎ bā zhé 20%할인

   打九折 dǎ jiǔ zhé 10%할인

   打八五折 dǎ bā wǔ zhé 15%할인

지불방법 (현금으로 하실 건가요, 카드로 하실 건가요?)

1. 您要用哪种方式付款呢?
Nín yào yòng nǎzhǒng fāngshì fùkuǎn ne?

2. 您用现金还是信用卡?
Nín yòng xiànjīn háishi xìnyòngkǎ?

3. 您用现金支付还是用卡支付?
Nín yòng xiànjīn zhīfù háishi yòng kǎ zhīfù?

4. 您付美元还是韩币?
Nín fù měiyuán háishi hánbì?

5. 刷卡要一次性付款还是分期付款?
Shuākǎ yào yícìxìng fùkuǎn háishi fēnqī fùkuǎn?

6. 您要分成几个月付款?
Nín yào fēn chéng jǐge yuè fùkuǎn?

7. 这里可以用中国的银联卡结账。
Zhèli kěyi yòng Zhōngguó de yínliánkǎ jiézhàng.

8. 对不起，这里不能用信用卡。
Duìbuqǐ, zhèli bù néng yòng xìnyòngkǎ.

9. 您的信用卡不能使用，
Nín de xìnyòngkǎ bù néng shǐyòng,

有没有别的信用卡?
yǒu méi yǒu bié de xìnyòngkǎ?

새로운 단어

方式 fāngshì 방식, 방법, 패턴

付款 fùkuǎn 돈을 지불하다

现金 xiànjīn 현금

信用卡 xìnyòngkǎ 신용카드

刷卡 shuākǎ
카드로 결재하다

一次性 yícìxìng
일회용, 여기서는 '일시불'의 의미

分期 fēnqī
시기, 기간을 나누다. 여기서는
'할부'의 의미

成 chéng
~가 되다, ~로 변하다

银联卡 yínliánkǎ
중국은행연합 카드

结账 jiézhàng
계산하다, 결산하다, 회계를 마치다

10. 对不起，
Duìbuqǐ,

我们这里不收信用卡(美元/人民币)。
Wǒmen zhe li bù shōu xìnyòngkǎ(měiyuán/rénmínbì).

11. 请在这里签字。
Qǐng zài zhèli qiānzì.

12. 请输入密码。
Qǐng shūrù mìmǎ.

13. 请出示一下您的护照和机票。
Qǐng chūshì yíxià nín de hùzhào hé jīpiào.

14. 需要发票吗？
Xūyào fāpiào ma?

15. 请拿好发票和取货单。
Qǐng ná hǎo fāpiào hé qǔhuòdān.

16. 对不起，我算错了。
Duìbuqǐ, wǒ suàn cuò le.

17. 收您五万韩元，找您一万五千韩元。
Shōu nín wǔ wàn hányuán, zhǎo nín yí wàn wǔ qiān hányuán.

새로운 단어

收 shōu
받다, 접수하다, 수확하다

签字 qiānzì
서명하다, 사인하다

输入 shūrù
입력하다, 수입하다

密码 mìmǎ 비밀번호

出示 chūshì
내보이다, 제시하다

护照 hùzhào
여권(cf. 비자 = 签证 [qiānzhèng], 威士 [wēishì])

发票 fāpiào 영수증

取货单 qǔhuòdān
물품인도장

算 suàn 계산하다, 셈하다

错 cuò 틀리다, 맞지않다

1. **您用现金支付还是信用卡支付?**

   '还是'는 선택의문문에 쓰이며, 두 가지 대답이 가능할 경우 '还是'를 써서 묻고, 대답하는 사람은 그중 하나를 택한다.

   예 **您要还是不要?** 당신은 원하십니까, 아니면 원하지 않으십니까?
   Nín yào háishi búyào?

   您去还是他去? 당신이 가실 건가요, 아니면 그가 갈 건가요?
   Nín qù háishi tā qù?

   你喝水还是喝酒? 물을 마시겠습니까, 아니면 술을 마시겠습니까?
   Nǐ hē shuǐ háishi hē jiǔ?

2. **这里可以用中国的银联卡结账。**

   '用'은 '주어+用+명사+동사'의 형태로 쓰는데, 이때 '用'은 뒤에 이어지는 행위의 도구나 방법을 나타낸다.

   예 **我用美元买东西。** 저는 달러로 물건을 삽니다.
   Wǒ yòng měiyuán mǎi dōngxi.

   我用汉语写信。 저는 중국어로 편지를 씁니다.
   Wǒ yòng Hànyǔ xiěxìn.

환불/교환/반품 (영수증을 가져오시면 환불이 가능합니다.)

1. 换个新的给您。
   Huàn ge xīn de gěi nín.

2. 退货的话需要发票。
   Tuìhuò de huà xūyào fāpiào.

3. 可以交换，但不能退货。
   Kěyi jiāohuàn, dàn bù néng tuìhuò.

4. 不能退货，只能换货。
   Bù néng tuìhuò, zhǐ néng huànhuò.

5. 这种商品不能退换。
   Zhè zhǒng shāngpǐn bù néng tuìhuàn.

6. 开封或使用后的商品不能退货。
   Kāifēng huò shǐyòng hòu de shāngpǐn bù néng tuìhuò.

7. 使用前请您仔细阅读说明书。
   Shǐyòng qián qǐng nín zǐxì yuèdú shuōmíngshū.

새로운 단어

换 huàn 바꾸다

新 xīn
새 것의, 사용하지 않은, 새롭다

交换 jiāohuàn 교환하다

退货 tuìhuò 반품하다

开封 kāifēng 개봉하다, 뜯다

或 huò
혹은, 또는, 그렇지 않으면

仔细 zǐxì
세심하다, 꼼꼼하다

阅读 yuèdú 보다, 읽다

说明书 shuōmíngshū
설명서

1. **退货**的话**需要发票。**

'~的话'는 '만일 ~라면'이라는 의미이다. 앞절은 조건을 나타내고, 뒷절은 그 조건에 따른 결과를 나타낸다.

예 **不舒服的话，好好儿休息休息。** 불편하시면, 푹 쉬세요.
Bù shūfu de huà, hǎohāor xiūxi xiūxi.

2. **可以**交换，但**不能退货。**

동사앞에 쓰며 가능, 의지, 바람, 요구 등을 나타내는 품사를 조동사라 한다. 조동사 '可以'는 '~해도 된다' 라는 의미의 허가를 나타내기도 한다.

예 **你可以吃东西。** 당신은 드셔도 됩니다.
Nǐ kěyi chī dōngxi.

'可以'의 부정은, 일반적으로 평서문에서는 '不能'을 쓰며 '不可以'라고도 할수 있다. 대화에서 단독으로 대답할 때는 '不行'으로 부정한다.

예 **这里不能吃东西。** 여기서는 음식을 드시면 안됩니다.
Zhèli bù néng chī dōngxi.

A: **这儿可以坐吗?** 여기 앉아도 됩니까?
Zhèr kěyi zuò ma?

B: **不行。** 안됩니다.
Bù xíng

제품 포장과 인도 (따로 포장해드릴까요?)

1. **您要包装吗?**
   Nín yào bāozhuāng ma?

2. **您要打包装吗?**
   Nín yào dǎ bāozhuāng ma?

3. **怎样包装?**
   Zěnyàng bāozhuāng?

4. **都要单独包装吗?**
   Dōu yào dāndú bāozhuāng ma?

5. **放在一个包装袋里可以吗?**
   Fàng zài yí ge bāozhuāng dài li kěyi ma?

6. **分开包装吧。**
   Fēnkāi bāozhuāng ba.

7. **包装是免费的。**
   Bāozhuāng shì miǎnfèi de.

8. **包装纸要交100韩元。**
   Bāozhuāng zhǐ yào jiāo yìbǎi hányuán.

9. **包装要另收1000韩元。**
   bāozhuāng yào lìng shōu yìqiān hányuán.

새로운 단어

打 dǎ
(어떤 일을) 하다

包装 bāozhuāng
포장, 포장하다(**打包装**=포장하다)

免费 miǎnfèi 무료로 하다

分开 fēnkāi
나누다, 구별하다 / 떨어지다,
헤어지다, 분리되다

另 lìng
다른, 그 밖의, 이 외의

10. 请稍候，我帮您包装一下。

Qǐng shāohòu, wǒ bāng nín bāozhuāng yí xià

11. 需要礼品包装吗?

Xūyào lǐpǐn bāozhuāng ma?

12. 请包装得漂亮点儿。

Qǐng bāozhuāng de piàoliang diǎnr.

새로운 **단어**

稍候 shāohòu
잠시 뒤, 조금 후

礼品 lǐpǐn 선물

一点儿 yìdiǎnr
조금, 약간(불확정적인 수량)

설명

1. 分开包装吧。

1) 조사 '吧'는 문장 맨 끝에 쓰여, 상의 · 제의 · 청유 · 기대 · 명령 등의 말투를 나타낸다.

> 例 吃吧。 드세요.
> Chī ba.
>
> 买吧。 사세요.
> Mǎi ba.

2) 조사 '吧'는 의문문 맨 끝에 쓰여, 가늠 · 추측의 말투를 나타낸다.

> 例 A: 你的汉语真好，你是中国人吧? 당신은 중국어를 정말 잘하시네요. 중국사람이세요?
> Nǐ de Hànyǔ zhēn hǎo, nǐ shì zhōngguórén ba?
>
> B: 是的。 네. 그렇습니다.
> Shì de.

3) 조사 '吧'는 문장 맨 끝에 쓰여, 동의 · 허가의 말투를 나타낸다.

> 例 A: 一起去商店，好吗? 같이 상점에 가요. 괜찮죠?
> Yìqǐ qù shāngdiàn, hǎo ma?
>
> B: 好吧。 네. 괜찮습니다.
> Hǎo ba.

2. 请稍候，我帮您包装一下。

'동사+一下(儿)'은 동작의 정도가 가볍거나 혹은 동작에 소요되는 시간이 짧음을 나타낸다.

> 예 你可以试一下(儿)。 한 번(좀) 해 보셔도 됩니다.
> Nǐ kěyi shì yíxià(r).
>
> 看一下(儿)。 한 번(좀) 보세요.
> Kàn yíxià(r).

3. 请包装得漂亮(一)点儿。

1) '(一)点儿'이 명사를 수식하면 수식하는 명사가 소량임을 나타내고, 형용사를 수식하면 형용사의 정도가 경미함을 나타낸다. 회화에서는 일반적으로 '一'가 생략된 형태로 쓰인다.

> 예 今天我买了点儿东西。 오늘 저는 물건을 좀 샀습니다.
> Jīntiān wǒ mǎi le diǎnr dōngxi.
>
> 便宜点儿吧。 좀 싸게 해 주세요.
> Piányi diǎnr ba.

2) '一点儿'앞에 '有'를 붙이면 동사나 형용사 앞에서 부사어로 쓰일 수 있는데, 역시 정도가 경미함을 나타낸다. 단, 이 경우에는 '만족스럽지 않다'는 화자의 감정이 포함된다. 대부분 '一'가 생략되어 '有点儿'의 형태로 쓰인다.

> 예 这个包有点儿贵。 이 가방은 좀 비싸네요.
> Zhège bāo yǒudiǎnr guì.
>
> 这个包装有点儿难看。 이 포장은 좀 보기 싫네요.
> Zhège bāozhuāng yǒudiǎnr nánkàn.

중국 요우커의 구매 선호도

중국은 나날이 부유한 강국이 되어 가고 있다. 개혁개방과 아울러 해외자본과 기술의 도입하기 위해 1979년부터 설치한 경제특구(광둥성의 선전, 주하이, 산터우, 샤먼의 4개 특구와 1988년 4월 성으로 승격된 최대 규모의 경제특구인 하이난다오, 2010년 신장위구르 자치구의 카슈가르까지 포함하면 모두 6개)가 만들어지고, 상하이를 비롯한 주요 도시들의 변화는 상전벽해를 방불케 할 정도로 빠르게 발전에 발전을 거듭하고 있다. 이제 시작일 것이다. 중국은 앞으로 더욱 강한 부국이 될 것이고, 중국인들은 이러한 부의 확산 속에서 물질적 풍요를 느끼며 해외여행으로 더 많은 눈을 돌리게 될 것이다.

이러한 여세로 몰려 들기 시작하는 요우커들이 가장 선호하는 것이 바로 쇼핑이다. 그들은 한국에서 브랜드 명품과 한국산 물품 구매에 많은 돈을 쓰고 있다. 중국 요우커의 쇼핑 관광 중 가장 큰 비율을 차지하는 제품군은 한국 화장품이며, 한류의 영향으로 한류 배우들이 광고하는 제품들도 인기몰이를 하고 있다.

화장품 브랜드숍 매출 순위 단위 : 원

2013년			2014년		
순위	회사명	매출액	순위	회사명	매출액
1	더페이스샵	5472억	1	더페이스샵	6101억
2	미샤	4013억	2	이니스프리	4567억
3	이니스프리	3328억	3	미샤	3985억
4	에뛰드	3186억	4	에뛰드	2810억
5	스킨푸드	1738억	5	네이처리퍼블릭	2552억
6	토니모리	1700억	6	잇츠스킨	2411억
7	네이처리퍼블릭	1683억	7	토니모리	2051억
8	엔프라니	624억	8	스킨푸드	1515억
9	잇츠스킨	530억	9	엔프라니	800억

〈출처 : 이투데이, 2015년 4월 14일〉

서울 명동을 쳇바퀴 돌 듯 돌며 특정 '한류 브랜드'만 싹쓸이해 가던 과거와는 달리 요즘 요우커들은 홍대 거리, 가로수길, 이태원, 한옥마을 등으로 동선을 넓혀 맛집을 찾아다니고, 한국 대학생들 사이에 입소문이 난 화장품이나 옷을 사는 등, 마치 한국인처럼 쇼핑하는 요우커들이 부쩍 늘어나고 있다.

또한 쇼핑 시 가장 선호하는 품목을 묻는 질문에는 요우커 VIP 중 68%가 명품브랜드를 꼽았으며, 23%는 한류브랜드를, 나머지 9%는 토속기념품으로 나타났다. (한국경제tv)

중국인 매출 비중 상위 10개 브랜드		
순위	브랜드	매출비중
1위	MCM	59.86%
2위	지고트	53.53%
3위	라인 프렌즈스토어	53.52%
4위	모조에스핀	52.26%
5위	뉴발란스	47.06%
6위	바쉐론콘스탄틴	40.91%
7위	투쿨포스쿨	39.27%
8위	스타일난다	34.49%
9위	까르띠에	29.99%
10위	불가리	24.38%

〈출처 : 블로그 KBentertainment, [요우커, 그들이 알고싶다], 2015년 8월 23일〉

우리는 한국을 찾는 관광객, 즉 요우커와 좋은 관계를 유지하면서 이들이 두 번, 세 번 다시 한국을 방문할 수 있도록 인프라를 구축하고 이들에게 맞는 마케팅 전략을 세워야 할 것이다.

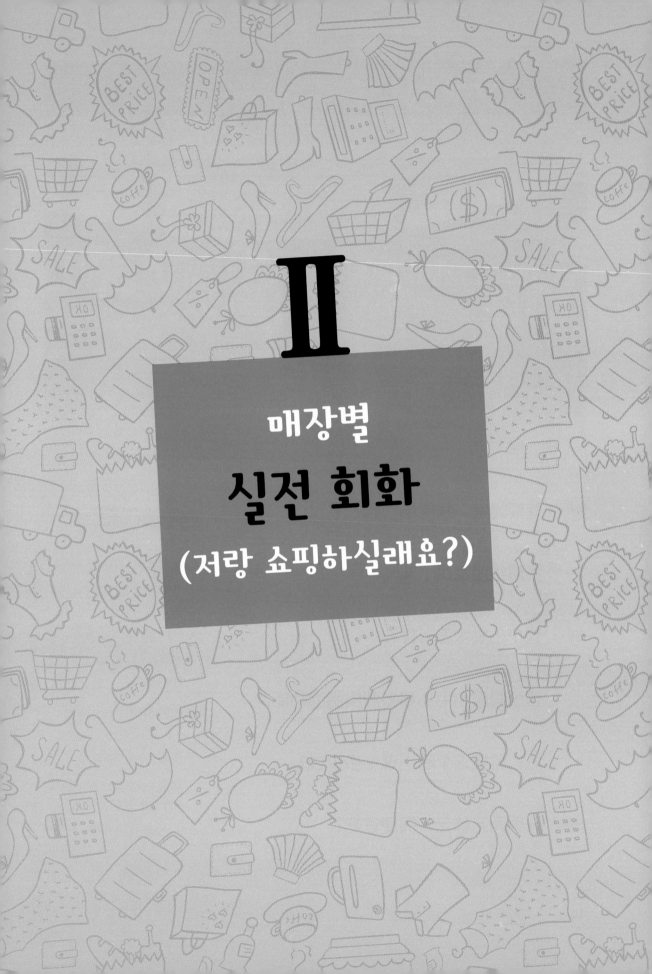

Ⅱ

매장별

실전 회화

(저랑 쇼핑하실래요?)

점원 : **欢迎光临，我能帮您吗?**
Huānyíng guānglín, wǒ néng bāng nín ma?

고객 : **我想给朋友买个礼物。**
Wǒ xiǎng gěi péngyou mǎi ge lǐwù.

점원 : **这个化妆水怎么样?**
Zhège huàzhuāngshuǐ zěnmeyàng?

这个有缩小毛孔和抑制皮脂的功能。
Zhège yǒu suōxiǎo máokǒng hé yìzhì pízhī de gōngnéng.

고객 : **好，就要这个吧！这个多少钱?**
Hǎo, jiù yào zhège ba! Zhège duōshao qián?

점원 : **一个两万韩元，很便宜吧?**
Yí ge liǎng wàn hányuán, hěn piányi ba?

化妆水 huàzhuāngshuǐ
화장수, 스킨

缩小 suōxiǎo
축소하다, 작게하다, 줄이다

毛孔 máokǒng
땀구멍(모공)

抑制 yìzhì
반응을 억제하다

皮脂 pízhī 피지

功能 gōngnéng
기능, 작용, 효능

고객 : **那我要三个。**
Nà wǒ yào sān ge.

점원 : **好的。您是用现金还是信用卡?**
Hǎo de. Nín shì yòng xiànjīn háishi xìnyòngkǎ?

고객 : **刷卡吧！**
Shuā kǎ ba!

점원 : **好，请在这里签字。这是发票，请拿好！**
Hǎo, qǐng zài zhèli qiānzì. Zhè shì fāpiào, qǐng ná hǎo!

고객 : **谢谢！**
Xièxie!

점원 : **不客气！欢迎再次光临！**
Búkèqi! Huānyíng zài cì guānglín!

설명

1. **我能帮您吗?**

조동사 '能'은 동사 앞에 놓여 어떤 일에 대한 능력이나 가능성을 나타낸다.

1) '能'은 어떤 능력을 가지고 있음을 나타내다.

예 **我能吃三碗米饭。** 나는 밥 세 그릇을 먹을 수 있습니다.
Wǒ néng chī sān wǎn mǐfàn.

我能游800米。 나는 800m를 수영할 수 있습니다.
Wǒ néng yóu 800 mǐ.

2) '能'은 또한 객관적인 조건에서 어떤 일에 대한 능력이나 가능성을 나타낸다.

예 A: 明天你能来吗?　내일 오실 수 있나요?
Míngtiān nǐ néng lái ma?

B: 我明天很忙，不能来。　내일은 바빠서 올 수 없습니다.
Wǒ míngtiān hěn máng, bù néng lái.

A: 你能帮我一下吗?　저 좀 도와주실 수 있나요?
Nǐ néng bāng wǒ yíxià ma?

B: 可以。　네.(도울 수 있습니다.)
Kěyi.

2. 我想给朋友买个礼物。

개사 '给'가 나타내는 의미는 굉장히 많은데, 본문에서는 어떤 동작이나 행동의 대상을 이끌어 내는 용법으로 쓰였다. '~에게', '~를 향하여' 등으로 해석된다.

예 我给你介绍一下。　제가 당신에게 소개를 해 드리겠습니다.
Wǒ gěi nǐ jièshào yíxià.

我给你打电话。　제가 당신에게 전화를 하겠습니다.
Wǒ gěi nǐ dǎ diànhuà

'我想给~+V~'는 '나는 ~에게 +V해 주고 싶다'란 뜻이며, 여기에서 '给'는 '~에게', '~을 위하여'란 뜻의 개사입니다. 그 뒤의 대상과 함께 개사구를 이루어 동사를 수식해 줍니다.

예 我想给他做饭。　나는 그에게 밥을 해주고 싶습니다.
Wǒ xiǎng gěi tā zuòfàn.

我想给妈妈买个化妆品。　나는 어머니께 화장품을 사 드리고 싶습니다.
Wǒ xiǎng gěi māma mǎi ge huàzhuāngpǐn.

3. 这个化妆水怎么样?

'~怎么样?'는 '~는 어떻습니까?'란 하다. 어떤 대상의 상태를 묻는 표현입니다.

예 你的宿舍怎么样?　당신 기숙사는 어떻습니까?
Nǐ de sùshè zěnmeyàng?

首尔的天气怎么样?　서울의 날씨는 어떻습니까?
Shǒu'ěr de tiānqì zěnmeyàng?

플러스 단어 – 피부타입과 화장품의 종류

피부

- 지성
  油性 yóuxìng
- 건성
  干性 gānxìng
- 중성
  中性 zhōngxìng

- 복합성
  混合性 hùnhéxìng
  复合性 fùhéxìng
- 민감성피부
  敏感肤质 mǐngǎnfūzhì
- 주름
  皱纹 zhòuwén

- 잔주름
  鱼尾纹 yúwěiwén
- 여드름
  粉刺 fěncì
  青春痘 qīngchūndòu
- 점
  黑痣 hēizhì

- 잡티
  斑痕 bānhén
- 기미
  黑斑 hēibān
- 뽀루지
  丘疹 qiūzhěn

- 주근깨
  雀斑 quèbān
- 사마귀
  瘊子 hóuzi
- 다크서클
  黑眼圈 hēiyǎnquān

- 피부 노폐물
  肤垢 fūgòu
- 엷다, 얇다
  薄 báo
- 촉촉하다, 눅눅하다
  滋润 zīrùn

화장품

- 화장품
  化妆品 huàzhuāngpǐn
- 분첩
  粉盒 fěnhé
- 퍼프
  粉扑 fěnpū

- 팬 케이크(고형분)
  粉饼 fěnbǐng
- 파운데이션
  粉底霜 fěndǐshuāng
- 투웨이 케이크
  防晒粉饼 fángshài fěnbǐng

- 비비크림
  BB霜 BBshuāng
- 파우더
  香粉 xiāngfěn
  散粉 sǎnfěn
- 메이크업 베이스
  隔离霜 gélíshuāng

- 에어쿠션
  气垫粉 qìdiàn fěn
- 볼터치
  胭脂 yānzhi
  腮红 sāihóng
- 립스틱
  口红 kǒuhóng
  唇膏 chúngāo

- 립글로스
  唇彩 chúncǎi
  润唇膏 rùnchúngāo
  缎光口红 duànguāng kǒuhóng

- 아이라이너
  眼线液 yǎnxiànyè

- 아이브로우 브러쉬
  眉刷 méishuā

- 아이래쉬 컬러
  睫毛夹 jiémáojiā

- 맛사지크림
  按摩膏 ànmógāo

- 눈가탄력크림
  眼部弹力霜 yǎnbù tánlìshuāng

- 여드름크림
  祛痘霜 qùdòushuāng

- 클렌징크림
  卸妆膏 xièzhuānggāo

- 수분크림
  润肤霜 rùnfūshuāng

- 로션
  乳液 rǔyè / 润肤露 rùnfūlù

- 리무버
  洗甲水 xǐjiǎshuǐ

- 샘플
  样品 yàngpǐn

- 기능성화장품
  功能性化妆品 gōngnéngxìng huàzhuāngpǐn

- 립 라이너
  唇线笔 chúnxiànbǐ

- 젤 아이라이너
  眼线膏 yǎnxiàngāo

- 마스카라
  睫毛膏 jiémáogāo

- 크림
  护肤霜 hùfūshuāng

- 다이어트 크림
  减肥霜 jiǎnféishuāng

- 선크림
  防晒霜 fángshàishuāng

- 폼클렌징
  洗面奶 xǐmiànnǎi

- 핸드크림
  护手霜 hùshǒushuāng

- 매니큐어
  指甲油 zhǐjiayóu

- 립앤아이리무버
  眼唇卸状液 yǎnchún xièzhuāngyè

- 보습
  保湿 bǎoshī

- 아이섀도
  眼影 yǎnyǐng

- 아이펜슬
  眉笔 méibǐ

- 마스카라 브러쉬
  睫毛刷 jiémáoshuā

- 영양크림
  营养霜 yíngyǎngshuāng

- 아이크림
  眼霜 yǎnshuāng

- 기미제거크림
  祛斑霜 qùbānshuāng

- 에센스오일
  精油 jīngyóu

- 콜드크림
  冷霜 lěngshuāng

- 스킨/토너
  爽肤水 shuǎngfūshuǐ
  紧肤水 jǐnfūshuǐ

- 매니큐어 브러시
  指甲刷 zhǐjiashuā

- 미백
  美白 měibái

- 선케어
  防晒 fángshài
- 바디로션
  润肤液 rùnfūyè
- 바디크림
  润肤霜 rùnfūshuāng

- 바디오일
  润肤油 rùnfūyóu
- 스크럽
  磨砂膏 móshāgāo
- 팩
  面膜 miànmó

- 화장솜
  化妆棉 huàzhuāngmián
- 로션타입
  乳液状 rǔyèzhuāng

기능

- 주름제거
  去(祛)皱 qù zhòu
- 기미제거
  去(祛)斑 qù bān
- 잡티제거
  去(祛)疤 qù bā

- 여드름제거
  去(祛)痘 qù dòu
- 유분제거
  去(祛)油 qù yóu
- 각질제거
  去(祛)角质 qù jiǎozhì

- 자외선차단지수
  紫外线防晒指数 zǐwàixiàn fángshài zhǐshù
- 저자극
  低刺激 dīcìjī

- 오일컨트롤
  控油 kòngyóu
- 피부보호
  护肤 hùfū
- 노화예방
  预防衰老 yùfáng shuāilǎo

- 영양, 영양을 주다
  滋养 zīyǎng
- 항산화
  抗氧化 kàngyǎnghuà
- 재생
  再生 zàishēng

- 모공수축
  收缩毛孔 shōusuō máokǒng
- 피부 활성화
  活肤 huófū
- 식물성
  植物性 zhíwùxìng

- 알코올
  酒精 jiǔjīng
- 수분 함량
  含水量 hánshuǐliàng

45

점원 : **欢迎光临！请进！您需要什么？**
Huānyíng guānglín! Qǐngjìn! Nín xūyào shénme?

고객 : **我可以随便看看吗？**
Wǒ kěyi suíbiàn kànkan ma?

점원 : **好的，请随便看看。**
Hǎo de, Qǐng suíbiàn kànkan.

고객 : **不好意思，可以给我看一下那个吗？**
Bùhǎoyìsi, kěyi gěi wǒ kàn yíxià nàge ma?

점원 : **您是说这个兰蔻口红吗？**
Nín shì shuō zhège lánkòu kǒuhóng ma?

고객 : **是的。**
Shì de.

새로운 단어

兰蔻　lánkòu　랑콤(LANCOME)

口红　kǒuhóng　립스틱

46

점원 : **在这里。**
Zài zhèli.

고객 : **给我拿淡一点儿的，我不太喜欢深的。**
Gěi wǒ ná dàn yidiǎnr de, Wǒ bú tài xǐhuan shēn de.

점원 : **就是这个，您涂一涂，**
Jiù shì zhège, nín tú yi tú,

我觉得浅色的更适合您。
Wǒ juéde qiǎnsè de gèng shìhé nín.

고객 : **好的，我要这个，眼影在哪儿？**
Hǎo de, wǒ yào zhège, yǎnyǐng zài nǎr?

점원 : **眼影在这儿。这个粉红色的挺好的。**
Yǎnyǐng zài zhèr. Zhège fěnhóngsè de tǐng hǎo de.

고객 : **给我拿个粉红色的，一起算钱。**
Gěi wǒ ná ge fěnhóngsè de, yìqǐ suànqián.

拿 ná 쥐다, 가지다, 획득하다

深 shēn (색깔이) 짙다

涂 tú 바르다, 칠하다

浅 qiǎn (색깔이) 옅다

适合 shìhé
적합하다, 부합하다, 적절하다,
어울리다

眼影 yǎnyǐng 아이섀도

粉红色 fěnhóngsè 분홍색

설명

1. **我可以随便看看吗?**

'随便'은 '마음대로, 좋을대로' 라는 뜻의 부사로 동사 앞에 쓰인다.

예 **大家随便吃。** 모두 마음대로 드세요.
Dàjiā suíbiàn chī

你们随便玩儿。 너희들 마음대로 놀아라.
Nǐmen suíbiàn wánr

상대방이 당신의 의견을 물을 경우, 별다른 의견이 없을 때 '随便(마음대로 해)'라고 대답한다.

예 A: 我能走吗?   내가 가도 될까?
      Wǒ néng zǒu ma?

     B: 随便。   네 마음대로 해.
      Suí biàn.

'随便+VV / V一V/ V一下儿 + 吧' 처럼 동사를 중첩하면 '(가볍게)~좀 하다'의 뜻을 나타
낼 수도 있다.

예 随便说说吧。   편하게 말씀하세요.
   Suíbiàn shuōshuo ba.

   你随便看一下吧。   편하게 한 번 보세요.
   Nǐ suíbiàn kàn yíxià ba.

   你随便听一听。   편하게 좀 들어보세요.
   Nǐ suíbiàn tīng yi tīng.

2. 您是说这个兰蔻口红吗?

의문문 '你是说~?'는 '~라는 말이니?'라는 뜻으로, 뒤에 명사나 인칭대명사나 문장 등이
따라 올 수도 있다.

예 你是说他?   그 사람을 말하는 거죠? (그 사람이라는 거니?)
   Nǐ shì shuō tā?

   你是说这种化妆水?   이 스킨(토너) 말이죠?
   Nǐ shì shuō zhè zhǒng huàzhuāngshuǐ?

   你是说你一定回来?   당신이 반드시 돌아올거라는 거죠?
   Nǐ shì shuō nǐ yídìng huílái?

3. 不太喜欢深的。

구조조사 '的'는 명사나 대명사, 형용사 뒤에 붙어 명사적 성질과 기능을 갖게 되며, 단독으
로 사용할 수 있다.

> 예 这是我的。 이것은 제 것입니다.
> Zhè shì wǒ de.
>
> 红的很好吃。 빨간 것이 맛있습니다.
> Hóng de hěn hǎo chī.
>
> 上海的天气和北京的不一样。 상하이의 날씨는 북경과는 다릅니다.
> Shànghǎi de tiānqì hé Běijīng de bù yíyàng.

 플러스 단어 – 화장품 국내외 유명 브랜드

한국 화장품 브랜드명

- IOPE(아이오페)
  亦博 Yìbó
- 더페이스샵
  菲诗小铺 Fēishīxiǎopù
- 메디힐
  美迪惠尔 Měidíhuìěr
- 설화수
  雪花秀 Xuěhuāxiù
- 아모레 퍼시픽
  爱茉莉 Àimòlì
- 이니스프리
  悦诗风吟 Yuèshīfēngyín
- 참존
  蝉真 Chánzhēn

- 네이처 리퍼블릭
  自然乐园 Zìránlèyuán
- 라네즈
  兰芝 Lánzhī
- 미샤
  美思 Měisī / 迷尚 Míshàng
- 숨
  呼吸 Hūxī
- 에뛰드하우스
  爱丽小屋 Àilìxiǎowū
- 이자녹스
  爱之浓丝 Àizhīnóngsī
- 토니모리
  托尼魅力 Tuōnímèilì
  魔法森林 Mófǎsēnlín

- 더 샘
  迪赛 Dísài
- 마몽드
  梦妆 Mèngzhuāng
- 바닐라코
  芭妮兰 Bānīlán
- 스킨푸드
  思亲肤 Sīqīnfū
- 오휘
  欧惠 Ōuhuì
- 잇츠스킨
  伊思 Yīsī
- 한스킨
  韩斯清 Hánsīqīng

- 헤라
  赫拉 Hèlā
- 홀리카홀리카
  好利卡好利卡 Hǎolìkǎhǎolìkǎ
- 후(whoo)
  后 Hòu

외국 화장품과 향수 브랜드

- 가네보(KANEBO)
  佳丽宝 Jiālìbǎo
- 겔랑(GUERLAIN)
  娇兰 Jiāolán
- 디올(DIOR)
  迪奥 Dí'ào

- 라프레리(LA PRAIRIE)
  蓓莉 Bèilì
- 랑콤(LANCOME)
  兰蔻 Lánkòu
- 로레알(LOREAL)
  欧莱雅 Ōuláiyǎ

- 록시땅(L'OCCITANE)
  欧舒丹 Ōushūdān
- 바비브라운(BOBBI BROWN)
  芭比布朗 Bābǐbùlǎng
- 비오템(BIOTHERM)
  碧欧泉 Bì'ōuquán

- 샤넬(CHANEL)
  香奈尔 Xiāngnài'ěr
- 셀린느(CELINE)
  赛琳 Sàilín
- 슈에무라(SHU UEMURA)
  佳村秀 Jiācūnxiù

- 시세이도(SHISEIDO)
  资生堂 Zīshēngtáng
- 시슬리(SISLEY)
  希思黎 Xīsīlí
- 안나수이(ANNA SUI)
  安娜苏 Ānnàsū

- 에스티 로더(ESTEE LAUDER)
  雅诗兰黛 Yǎshīlándài
- 엘리자베스 아덴(ELIZABETH ARDEN)
  伊丽沙白 · 雅顿 Yīlìshābái · Yǎdùn

- 오리진스(ORIGINS)
  悦木之源 Yuèmùzhīyuán
- 지방시(GIVENCHY)
  纪梵希 Jìfànxī
- 크리니크(CLINIQUE)
  倩碧 Qiànbì

- 키엘(KIEHL'S)
  科颜氏 Kēyánshì

기타 유명 국외 브랜드

- 고세(KOSE)
  高丝 Gāosī
- 구찌(GUCCI)
  古弛 Gǔchí
- 까르띠에(CARTIER)
  卡地亚 Kǎdìyà

- 나이키(NIKE)
  耐克 Nàikè
- 니나리치(NINA RICCI)
  妮娜 · 丽资 Nīnà · Lìzī
- 던힐(DUNHILL)
  登喜路 Dēngxǐlù

- 도나카란(DONNA KARAN)
  当娜·嘉伦 Dāngnà · Jiālún
- 랄프 로렌(RALPH LAUREN)
  拉尔夫·劳伦 Lā'ěrfū · Láolún
- 롤렉스(ROLEX)
  劳力士 Láolìshì
- 말보로(MARLBORO)
  万宝路 Wànbǎolù
- 버버리(BURBERRY)
  博柏利 Bóbǎilì /
  巴宝莉 Bābǎolì
- 불가리(BVLGARI)
  宝格丽 Bǎogélì
- 스와로브스키(SWAROVSKI)
  施华洛世奇 Shīhuáluòshìqí
- 아디다스(ADIDAS)
  阿迪达斯 Ādídásī
- 에르메네질도 제냐(ERMENEGILDO ZEGNA)
  杰尼亚 Jiéníyà
- 에트로(ETRO)
  艾特罗 Àitèluó
- 오메가(OMEGA)
  欧米茄 Ōumǐjiā
- 제니스(ZENITH)
  真力时 Zhēnlìshí
- 크리스챤디올(CHRISTIAN DIOR)
  克丽丝汀·迪奥 Kèlìsītīng · Dí'ào

- 라도(RADO)
  雷达 Léidá
- 래이밴(RAY BAN)
  雷朋 Léipéng
- 루이비통(LOUIS VUITTON)
  路易·威登 Lùyì · Wēidēng
- 미우미우(MIUMIU)
  缪缪 Miùmiù
- 베네통(BENETTON)
  贝纳通 Bèinàtōng
- 빈폴(BEAN POLE)
  滨波 Bīnbō
- 스와치(SWATCH)
  斯沃琪 Sīwòqí
- 아르마니(ARMANI)
  阿玛尼 Āmǎní
- 오데마 피게(AUDEMARS PIGUET)
  爱彼 Àibǐ
- 와코루(WACOAL)
  华歌尔 Huágē'ěr
- 카시오(CASIO)
  卡西欧 Kǎxīōu

- 라코스테(LACOSTE)
  鳄鱼 Èyú
- 론진(LONGINES)
  浪琴 Làngqín
- 마이클 코어스(MICHAEL KORS)
  迈克·科尔斯 Màikè · Kē'ěrsī
- 발리(BALLY)
  巴利 Bālì
- 베르사체(VERSACE)
  范思哲 Fànsīzhé
- 세인트 존(ST.JOHN)
  圣·约翰 Shèng · Yuēhàn
- 시바스리갈(CHIVAS REGAL)
  芝华士 Zhīhuáshì
- 에르메스(HERMES)
  爱马仕 Àimǎshì
- 오리스(ORIS)
  豪利时 Háolìshí
- 위블로(HUBLOT)
  宇舶 Yǔbó
- 코치(COACH)
  蔻弛 Kòuchí
- 태그 호이어(TAG HEUER)
  豪雅 Háoyǎ

51

- 티쏘(TISSOT)
  天梭 Tiānsuō

- 티파니(TIFFANY)
  蒂芙尼 Dìfūní

- 펜디(FENDI)
  芬迪 Fēndí

- 폴 스미스(PAUL SMITH)
  保罗·史密斯 Bǎoluó·Shǐmìsī

- 퓨마(PUMA)
  彪马 Biāomǎ

- 프라다(PRADA)
  普拉达 Pǔlādá

- 프레드릭 콘스탄트(FREDERIQUE CONSTANT)
  康斯登 Kāngsīdēng

- 피아제(PIAGET)
  伯爵 Bójué

- 피에르가르뎅(PIERRE CARDIN)
  皮尔卡丹 Píěrkǎdān

- 해리 윈스톤(HARRY WINSTON)
  哈利·温斯顿 Hālì·Wēnsīdùn

- 해밀튼(HAMILTON)
  汉密尔顿 Hànmìěrdùn

- 휴고보스(HUGO BOSS)
  维哥·布斯 Wéigē·Bùsī

면세점과 면세점 이용방법

〈면세점〉

면세점은 외화 획득이나 외국인 여행자의 편의를 도모하기 위하여 공항 대합실이나 시중에 설치한 비과세 상점으로, 면세점의 종류는 크게 공항면세점, 인터넷면세점, 시내면세점, 기내면세점 등 4가지로 분류할 수 있다.

① 공항면세점

공항내 출국하는 여행객을 위해 설치된 면세점이다.

공항면세점은 출국 당일 공항에서만 이용 가능하며, 출국심사를 마친 후 비행기 탑승 전까지 쇼핑 할 수 있다. 영업시간은 오전 7시부터 오후 9시 30분으로 되어 있어, 이 시간 이후에는 24시간 면세점만 제한적으로 이용이 가능하다. 미리 구매 물품을 리스트 작업을 한 후 쇼핑을 하면 시간 절약을 할 수 있다. 백화점이나 마트에서 물품을 구매하는 것처럼 손쉽게 구매할 수 있어 가장 편리하게 이용할 수 있는 면세점이다. 물품구매 시 반드시 여권과 탑승권을 제시하여야 한다.

② 인터넷면세점

인터넷을 통하여 면세품을 구입할 수 있는 면세점이다.

온라인 쇼핑몰처럼 이용이 가능하며 세금을 제한 가격에 할인, 신규가입자 할인, 쿠폰, 적립금 제도 등 다양한 이벤트 진행하여 면세점 이용방법 중 가장 효율적이라고 할 수 있다. 무엇보다 시간에 구애받지 않고 자유롭게 쇼핑할 수 있다는 장점을 가지고 있다. 인터넷면세점을 이용할 때는 반드시 출국하는 본인의 명의로 가입한 아이디로 주문을 해야 하며, 출국지와 비행기 편과 여권 번호 등을 정확하게 기입해야 한다. 결제를 하고 나면 '상품교환권'이나 '구매확인증'을 출력해서 출국 당일 해당 면세점에서 확인증을 제시하고 공항 물품 인도장에서 물건을 수령하면 된다.

③ 시내면세점

(공항이 없는 지역 포함) 출국 전, 면세품을 미리 쇼핑할 수 있는 시내에 위치한 면세점이다. 시내면세점을 이용할 때는 여권과 항공사에서 발권한 e티켓을 반드시 지참해야 한다. 시내면세점 이용의 장점은 물품을 본인이 직접 보고 매장에서 구매하여 공항 물품 인도장에서 바로 찾을 수 있다는 것이다. 하지만 교환이나 환불이 어려운 만큼 사이즈는 정확하게 확인하는 것이 좋다. 단점이라면 출국 전에 미리 시간을 내서 따로 쇼핑을 해야 한다는 점과 시내 면세점이 없는 곳에 있는 사람들은 이용이 하기가 쉽지 않다는 것이다.

서울 시내에는 소공동과 잠실의 롯데면세점을 비롯하여 총 7곳의 면세점이 운영되고 있다.

- 동화면세점 : 서울 종로구 세종대로 149
- 신라면세점 서울점 : 서울 중구 동호로 249
- 워커힐면세점 : 서울 광진구 워커힐로 177
- 롯데면세점 본점 : 서울 중구 남대문로 81 롯데백화점본점 9F
- 롯데면세점 코엑스점 : 서울 강남 봉은사로 524 코엑스인터컨티넨탈서울
- 롯데면세점 월드타워점 : 서울 송파구 올림픽로 300 롯데월드몰 에비뉴엘동 7층
- 롯데백화점 본점 10층 : 서울 중구 남대문로 1가 82

④ 기내면세점

비행기에 탑승하여 기내에서 카탈로그를 보면서 면세품을 구매할 수 있는 면세점이다. 출국 전 바쁜 시간 등으로 공항 면세점을 이용하지 못하였을 경우, 기내에서 입국 전에 구매가 가능하다는 장점이 있다.

〈주요면세점〉

 롯데면세점 kr.lottedfs.com

1980년 롯데면세점(본점)을 개점한 이래 서울, 부산, 제주, 인천공항, 제주공항, 김포공

항, 김해공항 등 총10개의 지점망을 갖춘 국내 최대 규모의 면세점
(출처: 롯데 홈페이지, 롯데면세점 홈페이지)

THE SHILLA duty free 신라면세점 www.shilladfs.com

1986년 서울지점을 시작으로 인천공항. 김포공항 등 공항면세점이 있고, 국내 면세 업계 최초로 인터넷면세점을 오픈하는 등 면세산업에서 선도적인 역할을 해 온 면세점
(출처: 신라인터넷면세점 홈페이지)

DONGWHA DUTY FREE 동화면세점 www.dfsdongwha.com

1973년 설립된 대한민국 최초의 시내면세점으로 세계 일류 브랜드의 유명 상품 및 한국 고유의 명품 브랜드 상품을 판매해 왔으며 한국 관광 산업 발전에 크게 기여를 한 면세점
(출처: 동화면세점 홈페이지)

WALKERHILL DUTY FREE 워커힐면세점 www.walkerhill.co.kr

"당신과 함께 품격과 스타일을 만듭니다."는 슬로건으로 다양한 쇼핑 프로그램을 갖추고 있으며 도심 속 특별한 라이프스타일 쇼핑문화 공간을 제공하는 면세점
(출처: 워커힐 홈페이지, 워커힐면세점 홈페이지)

HDC 신라면세점 HDC신라면세점 www.hdcshilla.co.kr

HDC그룹과 호텔신라가 2015년 5월 합작 투자하여 최고의 교통요지이자 관광허브인 용산 아이파크 몰 내에 설립한 신규 대형면세점
(출처: HDC 신라면세점 홈페이지)

제5과 향수

점원 : **您好！您找香水吗？**
Nín hǎo! Nín zhǎo xiāngshuǐ ma?

고객 : **是的。**
Shì de.

점원 : **是您自己用还是送给朋友？**
Shì nín zìjǐ yòng háishi sòng gěi péngyou?

고객 : **我自己也用，朋友的也要买。**
Wǒ zìjǐ yě yòng, péngyou de yě yào mǎi.

你给我推荐一下！
Nǐ gěi wǒ tuījiàn yíxià!

새로운 **단어**

香水 xiāngshuǐ 향수

自己 zìjǐ 자기, 자신, 스스로

推荐 tuījiàn
추천하다, 소개하다

점원 : 我看您的气质，花香型的应该很适合您，
Wǒ kàn nín de qìzhì, huāxiāng xíng de yīnggāi hěn shìhé nín,

这种香水怎么样？
zhè zhǒng xiāngshuǐ zěnmeyàng?

고객 : 我可以闻一下吗？
Wǒ kěyi wén yíxià ma?

점원 : 当然可以，我帮您。
Dāngrán kěyi, wǒ bāng nín.

고객 : 噢！好香啊！
Ō! Hǎo xiāng a!

旁边的这种也给我闻一下，可以吗？
Pángbiān de zhè zhǒng yě gěi wǒ wén yíxià, kěyi ma?

점원 : 这种是果香型的，
Zhè zhǒng shì guǒxiāng xíng de,

这款很受年轻女孩儿们的欢迎。
zhè kuǎn hěn shòu niánqīng nǚháir men de huānyíng.

고객 : 上班时用的，还是淡点儿的好。
Shàngbān shí yòng de, háishi dàn diǎnr de hǎo.

점원 : 那您闻闻这款，香味儿清淡高雅，
Nà nín wénwen zhè kuǎn, xiāngwèir qīngdàn gāoyǎ,

最适合职业女性。
zuì shìhé zhíyè nǚxìng.

고객 : 真不错，我要这个，你给我包装一下。
Zhēn búcuò, wǒ yào zhège, nǐ gěi wǒ bāozhuāng yíxià.

새로운 단어

气质 qìzhì
기질, 성미, 성격, 성질, 소질

花香 huāxiāng 꽃 향기

型 xíng
유형, 규격, 모양, 형색, 모델, 타입

闻 wén 냄새를 맡다, 듣다

旁边 pángbiān
옆, 곁, 근처, 부근

果香 guǒxiāng 과일향

清淡 qīngdàn
담백하다, 산뜻하다, 은은하다

高雅 gāoyǎ
고아하다, 고상하다, 우아하다,
격조가 있다

职业 zhíyè 직업

설명

1. **我自己也用，朋友的也要买。**

   '～也，～也'는 '～도 ～도'라는 뜻이다.

   > 我也去，他也去。 나도 가고, 그도 갑니다.
   > Wǒ yě qù, tā yě qù.
   >
   > 买也好，不买也好。 사도 좋고, 사지 않아도 좋습니다.
   > Mǎi yě hǎo, bù mǎi yě hǎo.

2. **还是淡点儿的好。**

   '还是 ～ 好'는 '그래도 ～하는 편이 더 낫다'라는 뜻으로, 비교를 통하여 얻은 결론을 나타낸다. 뒤에는 일반적으로 동사 또는 단문이 오며, 문미에 '好' 혹은 '吧'가 붙는다.

   > A: 我们看电影吧。 우리 영화 봅시다.
   > Wǒmen kàn diànyǐng ba.
   >
   > B: 已经10点了，还是回家好。 이미 10시가 되었네요. 아무래도 집으로 돌아가는 게 좋겠어요.
   > Yǐjīng shí diǎn le, háishi huíjiā hǎo.
   >
   > A: 我们今天做还是明天做？ 우리 오늘 할까요, 아니면 내일 할까요?
   > Wǒmen jīntiān zuò háishi míngtiān zuò?
   >
   > B: 还是明天做吧。 아무래도 내일 해야겠죠.
   > Háishi míngtiān zuò ba.

3. **旁边的这种也给我闻一下，可以吗?**

   앞(쪽), 오른(쪽), 왼쪽, 동쪽, 안쪽등 방위를 나타내는 명사를 방위사라고 한다. 방위사는 일반 명사와 같이 주어, 목적어, 한정어로 쓰일 수 있으며, 한정어의 수식을 받을 수도 있다.

   > A: 前边是他，后边是我。 앞쪽은 그, 뒤쪽은 나입니다.
   > Qiánbiān shì tā, hòubiān shì wǒ.
   >
   > B: 我在左边。 나는 왼편에 있습니다.
   > Wǒ zài zuǒbiān.

C: 旁边的商店关门了。 옆 상점은 문을 닫았습니다.
   Pángbiān de shāngdiàn guānmén le.

D: 房间里没有床。 방 안에는 침대가 없습니다.
   Fángjiān li méiyou chuáng.

예문 C)와 같이 방위사가 관형어로 쓰일 경우, 방위사와 수식을 받는 명사 사이에는 일반적으로 '的'를 붙여준다. 하지만 방위사가 관형어의 수식을 받을 경우에 예문 D)처럼 방위사 앞에 '的'를 쓰지 않아도 된다.

 플러스 단어 – 다양한 색깔과 디자인

다양한 색깔

- 색
  颜色 yánsè

- 빨간색
  红色 hóngsè

- 분홍색
  粉红色 fěnhóngsè

- 노란색
  黄色 huángsè

- 오렌지색
  橙色 chéngsè

- 녹색
  绿色 lǜsè

- 파란색
  蓝色 lánsè

- 하늘색
  淡蓝色 dànlánsè

- 자주색
  紫色 zǐsè

- 갈색
  茶色 chásè / **棕色** zōngsè

- 커피색
  咖啡色 kāfēisè

- 검은색
  黑色 hēisè

- 흰색
  白色 báisè

- 순백색
  纯白色 chúnbáisè

- 베이지색
  米黄色 mǐhuángsè

- 살색
  肉色 ròusè

- 크림색
  奶油色 nǎiyóusè

- 회색
  灰色 huīsè

- 금색
  金色 jīnsè

- 은색
  银色 yínsè

- 원색
  原色 yuánsè

- 파스텔색
  淡雅色调 dànyǎ sèdiào

- 짙은색
  深色 shēnsè

- 옅은색
  淡色 dànsè / **浅色** qiǎnsè

- 산뜻하고 아름답다
  鲜艳 xiānyàn

- 어둡다
  暗淡 àndàn

디자인

- 디자인, 스타일
  式样 shìyàng
  样式 yàngshì
  样子 yàngzi

- 무늬
  花样 huāyàng

- 물방울무늬
  水滴纹 shuǐdīwén
  圆点 yuándiǎn

- 물방울무늬(작은 점)
  带点 dàidiǎn

- 체크무늬
  方格纹 fānggéwén

- 꽃무늬
  花纹 huāwén

- 줄무늬
  条纹 tiáowén

- 테두리무늬
  花框 huākuàng

- 무지
  无花纹 wúhuāwén

- 흰색, 수수한 색
  素色 sùsè

- 심플하다, 수수하다
  朴色 pǔsè

- 화려하다
  花哨 huāshào

점원: **欢迎光临，○○商店。需要帮忙吗?**
Huānyíng guānglín, OOshāngdiàn. Xūyào bāngmáng ma?

고객: **我随便看看。**
Wǒ suíbiàn kànkan.

점원: **好的，请慢慢儿看。有看中的的话，**
Hǎo de, qǐng mànmānr kàn. Yǒu kànzhòng de de huà,

请叫我！
qǐng jiào wǒ!

고객: **这件蓝裙子给我看看。**
Zhè jiàn lán qúnzi gěi wǒ kànkan.

점원: **好，请稍等。这件是最新商品。**
Hǎo, qǐng shāoděng. Zhè jiàn shì zuì xīn shāngpǐn.

새로운 단어

看中 kànzhòng
마음에 들다, 보고 정하다,
사랑하다, 매혹되다

裙子 qúnzi 치마

고객 : **是什么面料的?**
Shì shénme miànliào de?

점원 : **是纯棉的。这件裙子可以水洗。**
Shì chúnmián de. Zhè jiàn qúnzi kěyi shuǐxǐ.

您要多大号的?
Nín yào duōdà hào de?

고객 : **我一般穿M的。**
Wǒ yìbān chuān M de.

점원 : **您试穿一下吧,那边有更衣室。**
Nín shì chuān yíxià ba, nàbiān yǒu gēngyīshì.

고객 : **刚好!**
Gāng hǎo!

점원 : **颜色和款式都很适合您。**
Yánsè hé kuǎnshì dōu hěn shìhé nín.

고객 : **有别的颜色的吗?**
Yǒu biéde yánsè de ma?

점원 : **当然有。可是蓝色是这个夏天的流行色。**
Dāngrán yǒu. Kěshì lánsè shì zhège xiàtiān de liúxíng sè.

고객 : **那就要蓝色的吧。**
Nà jiù yào lánsè de ba.

새로운 단어

面料 miànliào 옷감. 천

纯棉 chúnmián
순면으로 된

水洗 shuǐxǐ 물세탁

多大 duōdà 얼마나

号 hào 치수. 사이즈

一般 yìbān
보통이다. 일반적이다. 평범하다

试 shì
시험삼아 해 보다

穿 chuān 입다. 신다

更衣室 gēngyīshì
탈의실. 피팅룸. 라커룸

当然 dāngrán
당연하다. 물론이다

流行 liúxíng
유행하다

설명

1. 您要多大号的?

부사 '多'는 의문문에 쓰여 정도를 나타내며, 이때 의문대명사의 역할을 하며, 부사 '多'가 적극적 의미의 단음절 형용사와 결합하면 의문문을 만들 수 있다.

예 需要多长时间? (시간) 얼마나 오래 걸립니까?
Xūyào duō cháng shíjiān?

你今年多大? (나이) 당신은 올해 몇 살입니까?
Nǐ jīnnián duō dà?

这条路多长? (길이) 이 길은 얼마나 깁니까?
Zhè tiáo lù duō cháng?

这个包多重? (무게) 이 가방은 얼마나 무겁습니까?
Zhège bāo duō zhòng?

首尔离釜山多远? (거리) 서울은 부산에서 얼마나 멉니까?
Shǒu'ěr lí Fǔshān duō yuǎn?

你要多大号的? (크기) 당신은 어떤 사이즈가 필요합니까?
Nǐ yào duōdà hào de?

2. 您试穿一下吧。

'试+V'가 'V해 보다'라는 뜻이다.

예 试吃。 드셔 보세요.
Shì chī.

试用。 사용해 보세요.
Shì yòng.

试看。 봐 보세요.
Shì kàn.

试听。 들어 보세요.
Shì tīng.

플러스 단어 – 의복의 종류 / 옷감. 소재

의복

- 옷
  服装 fúzhuāng / 衣服 yīfu

- 원피스
  连衣裙 liányīqún

- 플레어스커트
  喇叭裙 lǎbaqún

- 셔츠
  衬衫 chènshān

- 레이스 블라우스
  蕾丝衫 lěisīshān

- 반바지
  短裤 duǎnkù

- 스키니 바지
  紧身裤 jǐnshēnkù

- 양복
  西服 xīfú / 西装 xīzhuāng

- 다운자켓
  羽绒衣 yǔróngyī

- 롱코트
  长外套 chángwàitào

- 바바리코트(바람막이 자켓)
  风衣 fēngyī

- 입다
  穿 chuān

- 투피스
  套装 tàozhuāng

- 미니스커트
  超短裙 chāoduǎnqún
  迷你裙 mínǐqún

- 블라우스
  女衬衫 nǚchènshān

- 가디건
  开衫 kāishān

- 면바지
  棉裤 miánkù

- 레깅스
  打底裤 dǎdǐkù

- 스웨트
  毛衣 máoyī

- 다운베스트
  羽绒马甲 yǔróng mǎjiǎ

- 반코트(하프코트)
  半大衣 bàndàyī /
  中大衣 zhōngdàyī

- 무스탕
  毛皮夹克 máopí jiākè

- 치마
  裙子 qúnzi

- 일자치마(통치마)
  筒裙 tǒngqún

- 롱스커트
  长裙 chángqún

- 쉬폰 블라우스
  雪纺衫 xuěfǎngshān

- 바지
  裤子 kùzi

- 청바지
  牛仔裤 niúzǎikù

- 일자바지
  筒裤 tǒngkù

- 자켓
  茄克 jiākè / 夹克 jiākè

- 오버코트
  大衣 dàyī

- 짧은코트
  短大衣 duǎndàyī

- 비옷
  雨衣 yǔyī

- 신사복
  男装 nánzhuāng
- 숙녀복
  女装 nǚzhuāng
- 아동복
  童装 tóngzhuāng
- 스포츠웨어
  运动服 yùndòngfú
- 아웃도어
  登山服 dēngshānfú
- 수영복
  游泳衣 yóuyǒngyī
- 스키복
  滑雪服 huáxuě fú
- 후드티
  连帽衫 liánmàoshān
  连帽卫衣 liánmào wèiyī
- 정장
  正装 zhèngzhuāng
- 예복
  礼服 lǐfú
- 드레스
  女礼服 nǚlǐfú
- 평상복
  便服 biànfú
- 잠옷
  睡衣 shuìyī
- 캐주얼 의복
  休闲服 xiūxiánfú
- 라운드넥
  圆领 yuánlǐng
- V넥
  V领 V lǐng
- 옷깃
  翻领 fānlǐng
- 스탠딩 칼라
  立领 lìlǐng
- 긴팔
  长袖 chángxiù
- 반팔
  短袖 duǎnxiù
- 나시(민소매)
  无袖 wúxiù
- 7/9부소매
  七 qī / **九** jiǔ **分袖** fēnxiù

속옷 · 양말

- 속옷
  内衣 nèiyī
- 팬티
  内裤 nèikù
- 삼각팬티
  三角裤 sānjiǎokù
- 러닝셔츠
  汗背心 hànbèixīn
- 언더셔츠
  汗衫 hànshān
- 속치마
  衬裙 shānqún
- 브래지어
  乳罩 rǔzhào /
  胸罩 xiōngzhào
- T 셔츠
  T恤(衫) Txù / Txùshān
- 스타킹
  长筒丝袜 chángtǒng sīwà /
  (单)丝袜 dānsīwà
- 양말
  短袜 duǎnwà / **袜子** wàzi
- 페이크 삭스
  船袜 chuánwà

모자 · 잡화

- 모자
  帽子 màozi
- 밀짚모자
  草帽 cǎomào
- 숄(케이프)
  披肩 pījiān 케이프
  披巾 pījīn 숄
- 넥타이
  领带 lǐngdài
- 가죽벨트
  皮带 pídài / 腰带 yāodài

- 털모자
  绒线帽 róngxiànmào
- 털목도리
  毛皮围巾 máopí wéijīn
- 손수건
  手绢 shǒujuàn
  手帕 shǒupà
- 넥타이 핀
  领带别针 lǐngdài biézhēn

- 가죽모자
  皮帽 pímào
- 머플러, 스카프
  围巾 wéijīn / 丝巾 sījīn
- 장갑
  手套 shǒutào
- 조끼
  背心 bèixīn

옷 사이즈

- 옷의 사이즈
  服装号码 fúzhuāng hàomǎ
- L
  大号 dàhào
- 사이즈
  大小 dàxiǎo (모든 것에 적용)
  尺码 chǐmǎ (주로 구두, 의복)
  尺寸 chǐcun (주로 구두, 의복)
- 작다
  小 xiǎo
- 두껍다
  厚 hòu
- 정교하다, 세밀하다
  细 xì

- XXL
  特大号 tèdàhào
- M
  中号 zhōnghào
- 잘 맞다
  合身 héshēn
  合适 héshì
  正好 zhènghǎo
- 타이트하다
  紧 jǐn / 瘦 shòu
- 얇다
  薄 báo

- XL
  加大号 jiādàhào
- S
  小号 xiǎohào
- 크다
  大 dà
- 헐렁하다
  肥 féi / 松 sōng
- 투박하다, 조잡하다
  粗 cū

관련 동사

(옷, 바지, 신발, 양말)
- 입다, 착용하다 **穿**
- 벗다 **脱** tuō

(헤어핀, 브로치)
- 꽂다 **夹** jiā
- 빼다 **摘** zhāi

(머플러, 스카프)
- 두르다 **围** wéi
- 빼다 **摘** zhāi

(모자)
- 쓰다 **戴** dài
- 벗다 **脱** tuō

(목걸이, 넥타이, 안경, 반지, 시계, 장갑 등)
- 매다, 끼다 **戴** dài
- 빼다 **摘** zhāi

옷감. 소재

- 옷감
  布料 bùliào / **料子** liàozi
  面料 miànliào / **衣料** yīliào

- 모직물
  毛料 máoliào

- 소재
  素材 sùcái

- 섬유
  纤维 xiānwéi

- 합성섬유
  合成纤维 héchéng xiānwéi

- 견직물
  丝织品 sīzhīpǐn

- 모직물
  毛织品 máozhīpǐn

- 혼방
  混纺 hùnfǎng

- 코듀로이
  灯心绒 dēngxīnróng

- 실크
  丝绸 sīchóu

- 천연실크
  真丝 zhēnsī

- 인조실크
  人造丝 rénzàosī

- 면
  棉 mián

- 마
  麻 má

- 울
  羊毛 yángmáo

- 캐시미어
  山羊绒 shānyángróng

- 메리노울
  绵羊绒 miányángróng

- 나일론
  尼龙 nílóng

- 폴리에스테르
  聚酯 jùzhǐ

- 아크릴
  丙烯 bǐngxī

- 비닐, 플라스틱
  塑料 sùliào

- 가죽
  皮革 pígé

- 고무
  胶 jiāo

대형쇼핑몰

〈대형쇼핑몰〉

서울에서 중국인 관광객들이 자주 이용하는 대형쇼핑몰에는 신세계백화점(명동), 롯데월드 몰(잠실), 코엑스 몰(강남), 아이파크 몰(용산)등이 있다.

(출처: 인스티즈 웹페이지)

〈주요 대형쇼핑몰 소개〉

SHINSEGAE

department.shinsegae.com (신세계백화점) – 명동

고객편의시설, 생활편의시설, 레스토랑 등을 갖추고 있으며 14층으로 이루어진 신관건물에서 다양한 쇼핑을 즐길 수 있는 그 이름만으로도 품격과 남다른 자부심이 느껴지는 신세계백화점 (출처: 신세계백화점 본점 홈페이지)

LOTTE WORLD MALL

www.lwt.co.kr (롯데월드 몰) – 잠실

국내최초 해외 유명브랜드 입점과 놀이와 문화, 엔터테인먼트와 체험을 즐길 수 있는 4세대 쇼핑몰 (출처: 롯데월드타워 & 롯데월드 몰 홈페이지)

coexMALL

www.coexmall.com (코엑스 몰) – 강남

문화와 예술, 비즈니스가 공존하는 세계적인 열린 문화공간이 되고자 5개의 광장을 특화된 컨셉으로 구성하여 기존 쇼핑몰과는 차별화된 분위기와 이용편리성을 제공하는 코엑스 몰 (출처: 코엑스 몰 홈페이지)

I'PARK *mall*

www.iparkmall.co.kr (아이파크 몰) – 용산

국내 최초로 쇼핑몰 문화를 정착시키기 위해 현대인들의 새로운 스타일 트렌드 '몰링 (malling)문화'를 선도하고 있으며, 다양한 쇼핑시설과 문화, 엔터테인먼트 시설이 결합 되어 있는 아이파크 몰 (출처: 아이파크 몰 홈페이지)

제7과 신발

점원 : **您好！您要什么样的鞋子？**
Nín hǎo! Nín yào shénme yàng de xiézi?

고객 : **我想看看皮鞋，这双鞋很漂亮！**
Wǒ xiǎng kànkan píxié, zhè shuāng xié hěn piāoliang!

점원 : **这款高跟鞋怎么样？**
Zhè kuǎn gāogēnxié zěnmeyàng?

在年轻人中很受欢迎的。
Zài niánqīngrén zhōng hěn shòu huānyíng de.

고객 : **我不喜欢高的，有没有鞋跟儿比较低的？**
Wǒ bù xǐhuan gāo de, yǒu méi yǒu xiégēnr bǐjiào dī de?

점원 : **有，鞋型很宽的也有。您的鞋号是多少？**
Yǒu, xiéxíng hěn kuān de yě yǒu. Nín de xiéhào shì duōshao?

새로운 단어

鞋子 xiézi 신발, 구두

皮鞋 píxié 가죽 구두

款 kuǎn
양식, 스타일, 패턴, 디자인

高跟鞋 gāogēnxié 하이힐

鞋跟 xiégēn 구두 뒤축

70

고객 : 我穿240号的。
Wǒ chuān èrbǎisìshí hào de.

점원 : 这款鞋型有些大，您试一下。
Zhè kuǎn xiéxíng yǒuxiē dà, nín shì yíxià.

고객 : 谢谢！这双很舒服，多少钱？
Xièxie! Zhè shuāng hěn shūfu, duōshao qián?

점원 : 12万韩元。正在大减价。
Shí'èr wàn hányuán. Zhèngzài dà jiǎnjià.

고객 : 有点儿贵，有没有便宜点儿的？
Yǒudiǎnr guì, yǒu méi yǒu piányi diǎnr de?

점원 : 不好意思，那已经打过折了。
Bù hǎo yìsi, nà yǐjīng dǎguo zhé le.

现在买很划算。
Xiànzài mǎi hěn huásuàn.

고객 : 好的，我要这双。
Hǎo de, wǒ yào zhè shuāng.

점원 : 还需要装在鞋盒里吗？
Hái xūyào zhuāng zài xiéhé li ma?

고객 : 是的，谢谢！
Shì de, xièxie!

새로운 **단어**

双　shuāng　짝, 켤레, 쌍, 매

划算　huásuàn
계산하다, 타산을 따지다,
셈을 하다

설명

1. 正在大减价。

동작이 진행되고 있음을 나타낼 때, 동사 앞에 부사 '正在', '正', '在'를 첨가하거나 문장의 끝에 '呢'를 붙인다. '正在', '正', '在'는 '呢'와 함께 사용하기도 한다. 부정형식은 동사 앞에 '没有'를 붙인다.

예 我买东西呢。   나는 물건을 삽니다.
Wǒ mǎi dōngxi ne.

我正在买东西。   나는 물건을 사고 있습니다.
Wǒ zhèngzài mǎi dōngxi.

我在买东西。   나는 물건을 사고 있습니다.
Wǒ zài mǎi dōngxi.

我正买东西。   나는 물건을 사고 있습니다.
Wǒ zhèng mǎi dōngxi.

我正在买东西呢。   나는 물건을 사고 있는 중입니다.
Wǒ zhèngzài mǎi dōngxi ne.

부정형식: 我没有买东西。   나는 물건을 사지 않습니다.
Wǒ méiyou mǎi dōngxi.

2. 那已经打过折了。

'동사+过'는 어떤 동작이 이미 발생했음을 나타내며, 일반적으로 어떤 경험이 있음을 강조하는 역할을 한다. 부정문은 '没+동사+过(+목적어)'이고, 정반의문문은 '동사+过(+목적어)+没有' 혹은 '동사+没+동사+过(+목적어)'이다. 연동문에 쓰일 경우 '过'는 뒤에 오는 동사의 뒤에 놓인다.

예 我试过这双鞋子。   나는 이 신발을 신어 보았습니다.
Wǒ shìguo zhè shuāng xiézi.

我没试过这双鞋子。   나는 이 신발을 신어 본 적이 없습니다.
Wǒ méi shìguo zhè shuāng xiézi.

你试过这双鞋子没有?   당신은 이 신발을 신어 보신 적이 없습니까?
Nǐ shìguo zhè shuāng xiézi méi yǒu?

你试没试过这双鞋子? 당신은 이 신발을 신어 본 적이 있습니까, 없습니까?
Nǐ shì méi shìguo zhè shuāng xiézi?

我来这儿试过这双鞋子。 나는 이 신발을 신어 본 적이 있습니다.
Wǒ lái zhèr shìguo zhè shuāng xiézi.

 플러스 단어 – 신발 종류와 사이즈

신발종류

- 신발
  鞋子 xiézi
- 천구두
  布鞋 bùxié
- 하이힐
  高跟鞋 gāogēnxié
- 웨지힐
  坡跟鞋 pōgēnxié
- 플랫폼슈즈
  松糕鞋 sōnggāoxié
- 장화, 부츠
  靴子 xuēzi
- 운동화
  运动鞋 yùndongxié

- 가죽구두
  皮鞋 píxié
- 부인용의 자수 천구두
  绣花鞋 xiùhuāxié
- 샌들
  凉鞋 liángxié
- 통굽구두
  厚底鞋 hòudǐxié
- 토오픈슈즈
  鱼嘴鞋 yúzuǐxié
- 롱부츠
  长筒靴 chángtǒngxuē
- 러닝화
  跑步鞋 pǎobùxié

- 스웨이드 재질의 신발
  翻皮鞋 fānpíxié
- 펌프스
  浅口式鞋 qiǎnkǒu shì xié
- 플랫슈즈, 로힐
  平底鞋 píngdǐxié
- 속굽신발
  内增高鞋 nèizēng gāo xié
- 슬리퍼
  拖鞋 tuōxié
- 스노우부츠
  雪地靴 xuědìxuē
- 스니커즈
  帆布鞋 fānbùxié
  旅游鞋 lǚyóuxié

73

- 등산화
  登山鞋 dēngshānxié

- 구두창
  鞋底 xiédǐ

- 구두굽
  鞋跟 xiégēn

- 구두끈
  鞋带 xiédài

- 구두주걱
  鞋拔子 xiébázi

- 구두솔
  鞋刷 xiéshuā

- 구두약
  鞋油 xiéyóu

- 신발치수
  鞋号 xiéhào

- 미끄럼방지
  防滑 fánghuá

- 발꿈치
  脚跟 jiǎogēn

- 발끝
  脚尖 jiǎojiān

신발 사이즈(여자)

한국(mm)	225	230	235	240	245	250	255	260	265	270
중국	35	36	37	38	39	40	41	42	43	44

중국 신발 사이즈 계산법 : (한국 mm - 50) ÷ 5

점원 : **您好！您想买点儿什么？**
Nín hǎo! Nín xiǎng mǎi diǎnr shénme?

고객 : **我在找手提包。**
Wǒ zài zhǎo shǒutíbāo.

점원 : **这里有很多种类，请慢慢儿看。**
Zhèli yǒu hěn duō zhǒnglèi, qǐng mànmanr kàn.

고객 : **那边都是新上市的吗？**
Nàbian dōu shì xīn shàngshì de ma?

점원 : **这是今年的新款，小巧精致，**
Zhè shì jīnnián de xīnkuǎn, xiǎoqiǎo jīngzhì,

特别配您的气质。
tèbié pèi nín de qìzhì.

새로운 단어

手提包 shǒutíbāo 핸드백

种类 zhǒnglèi 종류

上市 shàngshì
출시되다. 물건이 시장에 나오다

小巧 xiǎoqiǎo
작고 정교하다. 작고 깜찍하다

精致 jīngzhì
정교하고 치밀하다. 섬세하다

配 pèi
～에 어울리다. ～할 만하다

75

고객 : 就只有这一种颜色的吗？
Jiù zhǐ yǒu zhè yì zhǒng yánsè de ma?

점원 : 不，还有黑色、白色、蓝色、粉红色的。
Bù, hái yǒu hēisè、báisè、lánsè、fěnhóngsè de.

您试一下看看。
Nín shì yíxià kànkan.

고객 : 这个手提包是什么材质的？
Zhège shǒutíbāo shì shéme cáizhì de?

점원 : 是牛皮做的，又轻又结实。
Shì niúpí zuò de, yòu qīng yòu jiēshí.

고객 : 嗯，这个挺好的。多少钱？
Èng, zhège tǐng hǎo de. Duōshao qián?

점원 : 20万韩元，比别家的便宜得多。
Èrshí wàn hányuán, bǐ biéjiā de piányi de duō.

고객 : 不错，请给我一个。
Búcuò, qǐng gěi wǒ yí gè.

점원 : 谢谢，请稍等！
Xièxie, qǐng shāoděng!

새로운 단어

牛皮 niúpí 소가죽

轻 qīng 가볍다

结实 jiēshí
굳다, 단단하다, 견고하다, 질기다

설명

1. 就只有这一种颜色的吗?

只는 '단지, 다만'이라는 뜻으로, 동사구를 수식한다.

형식: ~는 오로지 V하다.

예 我只有二十块钱。　나는 겨우 20원 있습니다.
Wǒ zhǐ yǒu èrshí kuài qián.

他只吃了一个苹果。　그는 단지 사과 한 개만 먹었습니다.
Tā zhǐ chī le yí ge píngguǒ.

她只买了一双鞋子。　그녀는 다만 신발 한 켤레만 샀습니다.
Tā zhǐ mǎi le yì shuāng xiézi.

2. 是牛皮做的。

'是~的'는 이미 발생한 동작의 시간이나 장소, 방식 등을 강조할 때 쓰이는 구문이다. '是'는 강조되어야 할 부분의 앞에 놓이며 때때로 생략될 수 있다. '的'는 문장의 끝 또는 목적어의 앞에 놓인다.

예 他是坐飞机来的。　그는 비행기를 타고 온 것입니다.
Tā shì zuò fēijī lái de.

我是去年来韩国的。　나는 작년에 한국에 온 것입니다.
Wǒ shì qùnián lái Hánguó de.

这衣服是纯棉做的。　이 옷은 순면으로 만든 것입니다.
Zhè yīfu shì chúnmián zuò de.

我是在汉阳大学学过汉语的。　나는 한양여자대학교에서 중국어를 배운 것입니다.
Wǒ shì zài Hànyáng dàxué xuéguo Hànyǔ de.

是张三打电话的。　장산이 전화를 한 것입니다.
Shì Zhāng sān dǎ diànhuà de.

3. **又轻又结实。**

又~又~는 서로 관련이 있는 동사/동사구나 형용사/형용사구 앞에 각각 놓여 몇 가지 성질이나 상태가 동시에 존재함을 나타낸다.

예 **这东西又好又漂亮。** 이 물건은 좋기도 하고 예쁘기도 합니다.
Zhè dōngxi yòu hǎo yòu piàoliang.

水果又大又便宜。 과일이 크고 쌉니다.
Shuǐguǒ yòu dà yòu piányi.

他在家里又吃又喝。 그는 집에서 먹고 마십니다.
Tā zài jiāli yòu chī yòu hē.

※ '也~也~'도 같은 용법으로 쓰일 수 있으나, 일반적으로 주어가 다를 경우에 많이 쓰이며, 이 때 첫 번째 '也'는 생략할 수 있다.

예 **他(也)吃了，她也吃了。** 그(도) 먹었고, 그녀도 먹었습니다.
Tā (yě)chī le, tā yě chī le.

4. **比别家的便宜得多。**

1) 比를 이용한 비교 구문은 'A比B+형용사 성분'과 같은 형식으로 만든다.

예 **他比我帅。** 그가 나보다 잘 생겼습니다.
Tā bǐ wǒ shuài.

这个比那个贵。 이것은 저것보다 비쌉니다.
Zhège bǐ nàge guì.

2) 比구문의 부정형식은 '比'대신 '没有'를 쓴다.

예 **他没有我帅。** 그는 나보다 멋있지 않습니다.
Tā méi yǒu wǒ shuài

这个没有那个贵。 이것은 저것보다 비싸지 않습니다.
Zhège méi yǒu nàge guì

3) 比가 쓰인 문장에는 또다시 '很', '非常', '太' 등의 정도부사가 쓰일 수 없다.

> 예 他比我很帅。（X）
> Tā bǐ wǒ hěn shuài.
>
> 这个比那个非常贵。（X）
> Zhège bǐ nàge fēicháng guì.
>
> 这个比那个太贵。（X）
> Zhège bǐ nàge tài guì.

4) 比를 써서 비교를 나타내는 문장에서 두 가지 사물의 구체적인 차이를 나타낼 경우, 차이를 나타내는 단어 뒤에 수량사를 놓아 보어로 삼을 수도 있고, '一点儿', '一些' 등을 써서 차이가 적음을 나타내거나, '得多', '多了'를 써서 차이가 큼을 나타낼 수도 있다.

> 예 他比我小一点儿。 그는 나보다 조금 작습니다.
> Tā bǐ wǒ xiǎo yìdiǎnr.
>
> 这件衣服比那件大得多。 이 옷은 저 옷보다 많이 큽니다.
> Zhè jiàn yīfu bǐ nà jiàn dà de duō.

 플러스 단어 – 가방과 악세서리

가방

- 배낭, 백팩
  背包 bèibāo
  双肩包 shuāngjiānbāo

- 핸드백
  手提包 shǒutíbāo
  手袋 shǒudài

- 클러치백
  手拿包 shǒunábāo
  手包 shǒubāo

- 크로스백
  斜肩袋 xiéjiāndài
  斜挎包 xiékuàbāo

- 힙색, 허리전대
  腰包 yāobāo

- 숄더백
  单肩包 dānjiānbāo
  挎包 kuàbāo

- 지갑
  钱包 qiánbāo

- 동전지갑
  零钱包 língqiánbāo

- 카드지갑
  卡片包 kǎpiànbāo

- 여권지갑
  护照包 hùzhàobāo

- 열쇠지갑
  钥匙包 yàoshibāo

- 여행가방, 캐리어
  旅行包 lǚxíngbāo
  行李箱 xínglǐxiāng

- 서류가방
  公文包 gōngwénbāo

- 노트북 가방
  电脑包 diànnǎobāo

- 화장품 가방
  化装包 huàzhuāngbāo

- 등산 가방
  登山包 dēngshānbāo

- 수트케이스
  手提箱 shǒutíxiāng

악세서리

- 악세서리
  首饰 shǒushi

- 귀걸이
  耳环 ěrhuán / **耳饰** ěrshì
  穿孔耳环 chuānkǒng ěrhuán
  耳钉 ěrdīng

- 팔찌
  手镯 shǒuzhuó
  手链 shǒuliàn
  手串儿 shǒuchuànér

- 반지
  戒指 jièzhi / **指环** zhǐhuán

- 바디피어싱
  人体穿孔 réntǐ chuānkǒng

- 머리끈
  皮筋 píjīn / **发绳** fàshéng

- 머리띠
  束发带 shùfàdài / **发箍** fàgū

- 머리핀
  发夹 fàjiā

- 머리장식
  发饰 fàshì

- 손목시계
  手表 shǒubiǎo

- 발찌
  脚链 jiǎoliàn

- 목걸이
  项链 xiàngliàn

- 펜던트
  项链坠 xiàngliànzhuì
  挂件 guàjiàn

- 브로치
  饰针 shìzhēn

- 리본
  丝带 sīdài

중국은행연합 카드 - 은련카드

은련카드(union pay)란?

중국은련카드(中国银联, China UnionPay, CUP) 또는 은련카드(银联, UnionPay)는 중국은련유한공사(中国银联股份有限公司)에서 운영하는 중국을 중심으로 한 국제 신용카드 및 직불카드 결제망이다. 중국 은련카드로 atm을 이용하여 중국 및 중화권 내 주요 은행의 예금을 인출할 수 있으며 대한민국에서는 비씨카드, 롯데카드, kb국민카드, 우리카드에서 은련 브랜드의 카드를 발급하고 있다. 특히 비씨카드는 대한민국에서 중국 은련카드의 전표매입 업무(인바운드)를 맡고 있어서 중국 현지에서 발행된 은련카드도 비씨카드와 협약을 맺어 대한민국 내 모든 비씨카드 가맹점에서 사용할 수 있다.

[출처: 위키백과사전]

유니온페이 브랜드 소개

본래 뜻은 "은행카드 네트워크 연합"으로 중국 은행카드 산업의 공통 브랜드를 말한다.
유니온페이 브랜드의 로고는 빨강, 파랑, 초록 세 가지 색의 은행카드를 평행으로 배열한 도안을 배경으로, 영문 UnionPay와 한자 银联(은련, 차이나 유니온페이)이 쓰여있는 모습을 하고 있다.

세 가지 서로 다른 색을 균형 있게 배열한 이유는 중국의 은행산업과 각 방면의 다양한 산업들 모두 균형있게 골고루 발전하길 바라는 뜻이며 그 중 빨간 색은 적극적인 진취를, 파란색은 광범위한 응용과 심화를, 녹색은 안전과 고효율을 상징한다. UnionPay라는 영문 글자는 유니온페이 카드가 국제 업무에 사용될 수 있음을, 그 꼬리부분이 한자 银联 (UnionPay)의 우측 상단 머리부분과 맞닿아 있는 것은 유니온페이 브랜드가 중국 국내로부터 시작해 국제로 활동영역을 넓혀갈 것임을 표현하고 있다. 이는 또한 점진적이지만 강력한 발전을 통해 전세계 영향력을 가진 국제화 은행카드 브랜드로 성장할 유니온페이의 꿈을 대변하고 있다.

이와 동시에, 유니온페이의 카드 업무망이 전세계적으로 확장됨에 따라 유니온페이 브랜드는 점점 더 많은 국가와 지역의 카드 사용자에게 서비스를 개시하고 있다. 중국의 홍콩, 마카오 지역과 싱가폴 등 국가에서 유니온페이 카드는 이미 중국 내 카드 사용자들이 현지에서 가장 많이 사용하는 카드 브랜드로 자리매김하고 있다.

(출처 : 유니온페이 홈페이지 브랜드 소개

http://kr.unionpay.com/kr_cup_gaikuang/kr_cup_brand/file_6398378.html)

점원 : **欢迎光临！您想买点儿什么？**
Huānyíng guānglín! Nín xiǎng mǎi diǎnr shénme?

고객 : **我想给朋友买个礼物。**
Wǒ xiǎng gěi péngyou mǎi ge lǐwù.

점원 : **我们商店里有各种各样的纪念品。**
Wǒmen shāngdiànli yǒu gèzhǒng gèyàng de jìniànpǐn.

고객 : **那么穿韩服的玩偶也有吗？**
Nàme chuān hánfú de wán'ǒu yě yǒu ma?

점원 : **这个怎么样？很多游客都买它回去。**
Zhège zěnmeyàng? hěn duō yóukè dōu mǎi tā huíqù.

새로운 단어

各种各样 gèzhǒng gèyàng
각종, 각양각색, 가지각색

纪念品 jìniànpǐn 기념품

韩服 hánfú 한복

玩偶 wán'ǒu 장난감 인형

고객 : **真可爱！我要送朋友，**
Zhēn kě'ài! Wǒ yào sòng péngyou,

能给我包装一下吗?
néng gěi wǒ bāozhuāng yíxià ma?

점원 : **礼品包装是免费的，还有其他的需要吗?**
Lǐpǐn bāozhuāng shì miǎnfèi de, háiyǒu qítā de xūyào ma?

고객 : **我很想买戒指。**
Wǒ hěn xiǎng mǎi jièzhi.

점원 : **请坐下慢慢儿看。这款白金戒指怎么样?**
Qǐng zuòxia mànmānr kàn. Zhè kuǎn báijīn jièzhi zěnmeyàng?

고객 : **我在找设计简单的。**
Wǒ zài zhǎo shèjì jiǎndān de.

점원 : **这款是女性喜欢的设计，您戴这款试试。**
Zhè kuǎn shì nǚxìng xǐhuan de shèjì, nín dài zhè kuǎn shìshi.

고객 : **挺可爱的！但是没有更可爱的了吗?**
Tǐng kě'ài de! Dànshì méi yǒu gèng kě'ài de le ma?

我觉得这款不错，给我看一下。
Wǒ juéde zhè kuǎn bú cuò, gěi wǒ kàn yíxià.

점원 : **您真有眼光！这款又简洁又漂亮。**
Nín zhēn yǒu yǎnguāng! Zhè kuǎn yòu jiǎnjié yòu piāoliang.

고객 : **我就要这款。请包装得漂亮点儿！**
Wǒ jiù yào zhè kuǎn. Qǐng bāozhuāng de piāoliang diǎnr.

새로운 단어

戒指 jièzhi 반지

白金 báijīn 백금(=**铂** bó)

设计 shèjì
설계하다. 디자인하다. 계획하다

简单 jiǎndān
간단하다. 단순하다

眼光 yǎnguāng
안목 / 시선, 눈길 / 관점, 견해

简洁 jiǎnjié
깔끔하다, 간결하고 명료하다

설명

1. 很多游客都买它回去。

동사 '上', '下', '进', '出', '回', '过', '起' 등의 뒤에 '来/去'를 결합시켜 동사 뒤에 사용하면, 동작의 방향을 나타내는 복합방향보어가 된다. 동사 뒤에 목적어가 올 경우 그 위치는 목적어의 성격에 따라 달라진다. 목적어가 보통명사일 경우, '来/去'의 앞이나 뒤에 다 놓일 수 있지만, 장소를 나타내는 단어일 경우, 반드시 '来/去' 앞에 놓인다.

예 找人过来。(O)　사람을 찾아 오세요.
Zhǎo rén guòlái.

找过来人。(O)　찾아 온 사람
Zhǎoguò lái rén.

找他过来。(O)　그를 찾아 오세요.
Zhǎo tā guòlái.

找过来他。(X)　찾아 온 그는
Zhǎoguò lái tā.

2. 挺可爱的。

'挺~的'는 회화에서 자주 보이는 표현으로, 정도의 높음이나 심함을 나타내는데 쓰인다. 간혹 '的'를 생략하기도 한다.

예 这个化妆品挺贵的。　이 화장품은 정말 비싼 것입니다.
Zhège huàzhuāngpǐn tǐng guì de.

这件衣服挺漂亮的。　이 옷은 정말 아름답습니다.
Zhè jiàn yīfu tǐng piàoliang de.

他人挺好的。　그 사람은 (사람 됨됨이가) 참 좋습니다.
Tā rén tǐng hǎo de.

플러스 단어 – 기념품 종류와 각국 화폐

기념품

- 악세서리
  首饰 shǒushi

- 펜던트
  垂饰 chuíshì

- 브로치
  饰针 shìzhēn

- 팔찌
  手镯 shǒuzhuó

- 귀걸이(링)
  耳环 ěrhuán

- 귀걸이
  穿孔耳环 chuānkǒng ěrhuán

- 목걸이
  项脸 xiàngliàn

- 반지
  戒指 jièzhǐ

- 리본
  丝带 sīdài

- 머리장식
  发饰 fàshì

- 머리띠
  束发带 shùfàdài

환전, 화폐

- 화폐
  货币 huòbì

- 동전
  硬币 yìngbì

- 잔돈
  零钱 língqián

- 지폐
  纸币 zhǐbì / **钞票** chāopiào

- 위조지폐
  假钞 jiǎchāo

- 현금카드
  银行卡 yínhángkǎ

- 신용카드
  信用卡 xìnyòngkǎ

- 중국은련카드
  银联卡 yínliánkǎ

- 환전하다
  兑换 duìhuàn
  换钱 huànqián

- 환전소
  (外币)兑换处 (wàibì)duìhuànchù

- 환율
  汇价 huìjià
  汇率 huìlǜ

- 수수료
  手续费 shǒuxùfèi
  回扣 huíkòu

- 외화
  外币 wàibì

- 인민폐
  人民币 rénmínbì

- 홍콩달러
  港币 Gǎngbì

- 대만달러
  台币 táibì

- 미국달러
  美元 měiyuán

- 일본엔화
  日元 rìyuán

- 유로화
  欧元 ōuyuán

- 영국 파운드
  英镑 yīngbàng

- 러시아 루블
  卢布 lúbù

- 현금
  现金 xiànjīn
  现款 xiànkuǎn
  现钱 xiànqián

- 수표
  支票 zhīpiào

- 현금자동지급기
  自动取款机 zìdòng qǔkuǎnjī

- 현금자동입출금기
  自动存取款机 zìdòng cúnqǔkuǎnjī

점원 : **欢迎光临！我们这儿专门卖特产。**
Huānyíng guānglín! Wǒmen zhèr zhuānmén mài tèchǎn.

고객 : **我要买红参产品，送给爸爸、妈妈的。**
Wǒ yào mǎi hóngshēn chǎnpǐn, sòng gei bàba、māma de.

점원 : **这儿有红参茶、红参浓缩液、**
Zhèr yǒu hóngshēn chá、hóngshēn nóngsuōyè、

红参切片、红参糖等等。
hóngshēn qiēpiàn、hóngshēn táng děngdeng.

고객 : **我要物美价廉的。**
Wǒ yào wùměi-jiàlián de.

새로운 단어

专门 zhuānmén
전문적이다. 전문적으로, 오로지,
특별히. 일부러

特产 tèchǎn 특산품

红参 hóngshēn 홍삼

产品 chǎnpǐn 생산품. 제품

切片 qiēpiàn
얇게 잘라진 조각이나 절편,
얇게 자르다

等 děng
등급. 종류(기타 등등)

物美价廉 wùměi-jiàlián
상품의 질이 좋고 값도 저렴하다
(='价廉物美')

점원: 我们这儿也有物美价廉的红参产品。
Wǒmen zhèr yě yǒu wùměi-jiàlián de hóngshēn chǎnpǐn.

您看看这种。
Nín kànkan zhè zhǒng.

这种一盒15美元，三盒35美元。
Zhè zhǒng yì hé shíwǔ měiyuán, sān hé sānshíwǔ měiyuán.

고객: 好吧，我要三盒。
Hǎo ba, Wǒ yào sān hé.

我还要韩国传统的东西，
Wǒ háiyào Hánguó chuántǒng de dōngxi.

什么东西卖得好？
Shénme dōngxi mài de hǎo?

점원: 泡菜、海苔、烤紫菜、扇子、面具等，
Pàocài、hǎitái、kǎozǐcài、shànzi、miànjù děng,

这些都是韩国传统的东西。
zhèxie dōu shì Hánguó chuántǒng de dōngxi.

特别是这种小包装的泡菜很受游客欢迎。
Tèbié shì zhè zhǒng xiǎo bāo zhuāng de pàocài hěn shòu yóukè huānyíng.

고객: 小包装的泡菜怎么卖？
Xiǎo bāo zhuāng de pàocài zěnme mài?

점원: 一包25人民币，大的120人民币。
Yì bāo èrshíwǔ rénmínbì, dàde yìbǎi èrshí rénmínbì.

고객: 那买一包大的吧。这些是什么？
Nà mǎi yì bāo dà de ba. Zhèxie shì shénme?

점원 : 这些都是济州岛的特产。
Zhèxie dōu shì jìzhōu dǎo de tèchǎn.

柑橘、汉拿峰、柑橘巧克力、
Gānjú、hànnáfēng、gānjú qiǎokèlì、

土山蜂蜜、干鲷鱼等。
tǔshān fēngmì、gān diāoyú děng.

这都是当礼品卖得很好的。您需要吗?
Zhè dōu shì dāng lǐpǐn mài de hěn hǎo de. Nín xūyào ma?

고객 : 柑橘巧克力多少钱?
Gānjú qiǎokèlì duōshao qián?

점원 : 这个是一盒30片的，10000韩元,
Zhège shì yì hé sānshí piàn de, yí wàn hányuán,

那个是一盒45片的，15000韩元。
nàge shì yì hé sìshíwù piàn de, yíwàn wǔqiān hányuán.

现在买三盒送一盒的，怎么样?
Xiànzài mǎi sān hé sòng yì hé de, zěnmeyàng?

고객 : 给我来45片的三盒。
Gěi wǒ lái sìshíwǔ piàn de sān hé.

새로운 단어

济州　jìzhōu　제주

柑橘　gānjú　감귤

汉拿峰　hànnáfēng　한라봉

巧克力　qiǎokèlì　초콜릿

土山蜂蜜　túshān fēngmì
토종벌꿀

干　gān　말리다. 마른

鲷鱼　diāoyú　도미

설명

1. 现在买三盒送一盒的。

'买+ 숫자① + 送 + 숫자②'는 '숫자①을 사면 숫자②를 더 준다'라는 뜻이다.

예   买一送一   mǎi yī song yī   (1+1이벤트) 한 개를 사면 한 개 (더) 드립니다.

　　 买二送一   mǎi èr song yī   (2+1이벤트) 두 개를 사면 한 개 (더) 드립니다.

2. 我们这儿也有物美价廉的红参产品。

사람이나 물건을 가리키는 명사나 대명사가 장소를 의미할 경우에는 반드시 그 뒤에 '这儿'
혹은 '那儿'을 붙여야만 한다.

예   书在他那儿。   책은 그가 있는 곳에 있다.
　　 Shū zài tā nàr.

　　 她这儿有便宜的衣服。   그녀에게는 값싼 옷이 있습니다.
　　 Tā zhèr yǒu piányi de yīfu.

　　 笔在那本辞典那儿。   연필은 저 사전이 있는 거기에 있습니다.
　　 Bǐ zài nà běn cídiǎn nàr.

3. 给我来45片的三盒。

이 문장에서 来는 '원하다, 주무하다, 시키다', 또는 '~를 주세요'라는 뜻이다. 음식점에서
주문을 하거나 상점에서 식품 등을 살 때 자주 사용한다.

예   来两杯咖啡。   커피 두 잔 주세요.
　　 Lái liǎng bēi kāfēi.

　　 来两公斤汉拿峰。   한라봉 2kg 주세요.
　　 Lái liǎng gōngjīn hànnáfēng.

　　 来一瓶化妆水。   스킨(토너) 한 병 주세요.
　　 Lái yì píng huàzhuāngshuǐ.

플러스 단어 – 기념품과 실무용어

한국 전통 기념품과 토산품

- 가면
  假面 jiǎmiàn
- 건삼
  干参 gānshēn
- 고급품
  佳品 jiāpǐn

- 고려인삼
  高丽人参 Gāolí rénshēn
- 공예품
  工艺品 gōngyìpǐn
- 금속공예품
  金属工艺品 jīnshǔ gōngyìpǐn

- 김
  海苔 hǎitái / **紫菜** zǐcài
- 도자
  陶瓷 táocí
- 맛, 특색, 분위기
  风味 fēngwèi

- 면세품
  免税品 miǎnshuìpǐn
- 목각
  木刻 mùkè
- 목기
  木器 mùqì

- 보성 녹차
  宝城绿茶 Bǎochéng lǜchá
- 부채
  扇子 shànzi
- 분제품
  粉制品 fěnzhìpǐn

- 서화
  书画 shūhuà
- 수삼
  水参 shuǐshēn
- 연
  风筝 fēngzheng

- 열쇠고리
  钥匙环 yàoshihuán
- 유산
  遗产 yíchǎn
- 유자차
  柚子茶 yòuzichá

- 은젓가락
  银筷子 yín kuàizi
- 인삼
  人参 rénshēn
- 인삼사탕
  人参糖 rénshēntáng

- 인삼정
  人参精 rénshēnjīng
- 인삼주
  人参酒 rénshēnjiǔ
- 인삼초콜릿
  人参巧克力 rénshēn qiǎokèlì

- 인삼편
  人参片 rénshēnpiàn
- 자수
  刺绣 cìxiù

- 전통 떡
  传统糕点食品 chuántǒng gāodiǎn shípǐn
- 전통 매듭
  传统结 chuántǒng jié

- 전통 쇠 젓가락
  传统钢制筷子 chuántǒng gāngzhì kuàizi
- 차이가 너무 크다
  相差悬殊 xiāngchà xuánshū

칠기
漆器 qīqì

토산품
土产品 tǔchǎnpǐn
土特产 tǔtèchǎn

품질도 좋고 가격도 싸다
物美价廉 wùměi-jiàlián

하회탈
河回假面 Héhuí jiǎmiàn

한과세트
韩式点心套盒 Hánshì diǎnxin tàohé

한국홍삼
韩国红参 Hánguó hóngshēn

한지 부채
韩纸扇子 hánzhǐ shànzi

홍삼
红参 hóngshēn

효능
效能 xiàonéng

실무용어

VIP 우대
VIP优惠 VIPyōuhuì

계산대
收银台 shōuyíntái

공인하다
公认 gōngrèn

관련정보
有关信息 yǒuguān xìnxī

관세
关税 guānshuì

국내
国内 guónèi

국제
国际 guójì

도착하다
到达 dàodá

머물다
停留 tíngliú

면세점 목록
免税店目录 miǎnshuìdiàn mùlù

면세한도
免税限额 miǎnshuì xiàn'é

몸에 지니다
随身携带 suíshēn xiédài

무료
免费 miǎnfèi

문의처
咨询处 zīxúnchù

물품구매서
购物单 gòuwùdān

변경날짜
变更日期 biàngēng rìqī

보증하다
保证 bǎozhèng

비자
签证 qiānzhèng

비행기표
机票 jīpiào

서비스
服务 fúwù

서비스 태도
服务态度 fūwù tàidù

세계명품
世界名品 shìjiè míngpǐn

세계최고
世界之冠 shìjiè zhī guàn

93

- 세관
  海关 hǎiguān

- 세금을 내다
  交税 jiāoshuì

- 소비하다
  消费 xiāofèi

- 수량제한
  数量限制 shùliàng xiànzhì

- 수속
  手续 shǒuxù

- 수입관세
  进口关税 jìnkǒu guānshuì

- 신고하다
  申报 shēnbào

- 안배하다
  安排 ānpái

- 안전검사
  安检 ānjiǎn

- 안전조치
  安检措施 ānjiǎn cuòshī

- 액체물품
  液态物品 yètài wùpǐn

- 여권
  护照 hùzhào

- 연중무휴
  全年无休 quánnián wúxiū

- 영업사원
  营业员 yíngyèyuán

- 외국어 서비스
  外语服务 wàiyǔ fúwù

- 우대
  优惠 yōuhuì

- 입국하다
  入境 rùjìng

- 잘 팔리는 상품
  热销商品 rèxiāo shāngpǐn

- 재래시장
  传统市场 chuántǒng shìchǎng

- 제공하다
  提供 tígōng

- 준비하다
  准备 zhǔnbèi

- 중량
  重量 zhòngliàng

- 지불하다
  付款 fùkuǎn

- 짐
  行李 xíngli

- 찾다(수령하다)
  领取 lǐngqǔ

- 초과하다
  超过 chāoguò

- 출국
  出国 chūguó

- 출국자
  出境者 chūjìngzhě

- 출발하다
  出发 chūfā

- 탑승구
  登机口 dēngjīkǒu

- 탑승시간
  登机时间 dēngjī shíjiān

- 판매원
  售货员 shòuhuòyuán

- 편의용품
  便利品 biànlìpǐn

- 포장하다
  包装 bāozhuāng

- 한국관광공사
  韩国观光公社 Hánguó guānguāng gōngshè

- 한류
  韩流 Hánliú

- 항공사
  航空公司 hángkōng gōngsī

- 호텔
  酒店 jiǔdiàn

- 호텔예약
  酒店预订 jiǔdiàn yùdìng

- 휴대하다
  携带 xiédài

- 휴무일
  休息日 xiūxīrì

모바일 결제

〈유니온 페이의 지불 방식과 간편한 모바일 결제〉

유니온페이의 선지불 결제 서비스는 유니온페이 IC카드, 모바일 결제 서비스, 인터넷 결제 3가지의 주요 서비스를 제공한다.

유니온페이 IC카드(칩카드)는 기업표준(EMV 표준)에 부합하는 금융 IC 카드를 말하며 2014년 3분기말까지 중국 내 IC 카드발급량은 10장을 넘어섰다. 차이나 유니온페이는 EMVC 국제기구에 가입했으며, EMV 표준과 UICS표준의 호환성을 높이는 등 EMV 기술표준의 글로벌 안전성, 통용성, 실용성을 위해 노력하고 있다. 중국 국내 은행의 IC 카드 발급 증가추세와 더불어 유니온페이 인터내셔널은 해외 승인 네트워크 칩 도입을 가속화하고 있으며, 유니온페이 IC 카드는 이미 전세계 대다수 유니온페이 취급 단말에서 사용이 가능하고, 2014년 10월 기준, 홍콩, 마카오, 한국 등 중국 본토 이외의 여러 국가에서도 유니온페이 IC카드를 발급하고 있으며 총 발급량은 1천8백만 장에 달하고 있다.

다음 아래의 QuickPass와 MPOS 두 서비스는 아직 한국에서는 제공하고 있지는 않지만 중국 내에서는 제공되는 서비스이다.
QuickPass는 유니온페이에서 발급하는 비 접촉식 지불결제 기능을 갖춘 상품으로 카드 소지자는 'QuickPass' 카드를 비접촉 단말 센서에 갖다 대는 방법으로 간단히 결제가 가능하다. 'QuickPass' 카드는 기존의 마그네틱 카드나 칩 카드와 달리 비 접촉식의 빠른 거래속도가 특징이므로 마트, 편의점, 대중교통, 레스토랑, e-ticket 등 영역에 광범위하게 활용되고 있으며, 번거로운 지불결제 프로세스를 생략시켜 가맹점의 지불결제 소요시간을 단축시키고 결제 효율을 높였다.

MPOS는 유니온페이에서 인증한 혁신형 단말로서, 블루투스, 오디오 등 포트를 휴대전화와 같은 모바일 기기에 연결하여 무선통신 채널을 이용한 지불결제 기능을 수행한다. MPOS는 저렴한 가격과 높은 안전성으로 소상공인의 소액결제 수요를 충족 시킬 수 있다. 유니온페이 온라인 지불결제 서비스는 편리성, 안전성, 글로벌 통용 네트워크, 전세계 유니온페이 고객지원 등의 장점을 가지고 있고, 이미 홍콩, 마카오, 대만, 일본, 한국, 동남아, 북미, 유럽, 오스트레일리아, 중동 등의 쇼핑몰, 호텔, 항공, 대학 등 소비자가 자주 방문하는 사이트를 포함하여 천만 개에 달하는 온라인 가맹점에서 제공되고 있다.

유니온페이 모바일 결제 서비스는 온라인 모바일 결제와 NFC 기술을 기반으로 한 근거리 결제 솔루션으로 고객에게 보다 빠르고 안전한 모바일 결제 수단을 선보이고 있다. 다만 이 모바일 결제 서비스 같은 경우에도 아직 국내에서는 제공하지 않고 있다고 중국 홈페이지에 나와 있지만 뉴스웨이 2014년 10월 8일 기사에서는 이미 BC카드가 유니온페이 모바일 결제 서비스를 오픈했다고 나온다.

⟨간편결제, 모바일 결제⟩

위챗 페이먼트(Wechat payment, 이하 위챗페이)

중국의 위챗은 한국의 국민 메신저 카카오톡의 격으로 2011년 1월 웨이신이라는 이름으로 처음 출시된 이후 2012년 글로벌 시장을 겨냥하기 위해 지금과 같은 이름으로 바꿨다. 지금은 누적 가입자 수가 약 9억명, 월간 활성화 사용자가 6억명에 이른다. 이처럼 많은 사용자를 보유하고 있으며 미미한 신용카드 보급율과 환전을 할 필요가 없어서 월등한 매출액을 올릴 수 있는 모바일 결제 시스템인 셈이다. 위챗페이를 이용하려면 위챗 메신저를 켜서 지갑 기능을 열고 활성화된 바코드를 찍기만 하면 되기 때문에 간편하고, 돈은 최초로 위챗페이를 이용할 때 위챗과 자신의 계좌를 연동시키고, 예치금 형태로 위챗 지갑에 돈을 넣어두는 방식이기 때문에 편리하다. 현재 위챗페이 메신저 결제 서비스는 텐센트, 하나카드, 그리고 케이알파트너스가 함께한다. 텐센트는 중국 인터넷 기업으로 이 텐센트의 자회사 텐페이가 간편결제 서비스인 '위챗페이먼트' 서비스를 제공하고 있다.

알리페이

알리페이는 알리바바에서 나온 선충전 시스템으로 돈을 넣어 놓고 결제 금액만큼 차감하는 시스템이다. 오프라인에서 현금이나 신용카드를 가지고 다닐 필요 없이 스마트폰만 들고 다니다가 물건을 구매 할 수 있는 편리성 때문에 중국에서는 사용율이 상당히 높다. 많은 한국 기업들이 알리페이를 사용할 수 있는 문구들을 걸어 놓고 있으며 GS25도 알리페이 서비스를 제공하고 있다.

CUP, 알리페이, 위챗페이 는 중국인 관광객들의 지갑을 열기 위한 3개의 필수 결제 시스템이 되었다.

한국의 스마트한 삼성페이(간편결제)

삼성페이는 지갑 속 신용카드가 모바일 폰 속으로 들어온다는 슬로건을 가지고 삼성에서 출시한 스마트폰 간편결제 서비스이다. 기존의 플라스틱 카드로 결제할 수 있는 거의 모든 곳에서 사용할 수 있다는 장점이 있으며 지문 인증, 원타임카드 같은 장치로 플라스틱 신용카드보다 안전하다. 또한 간편한 카드 등록과 화면을 밀어올리는 동작만으로 결제가 가능하기 때문에 스마트폰만 있다면 쉽고 간편하게 결제할 수 있다.

III

부록

우리 나라 주요 음식 중국어 표기 및 본문해석

순번	대분류	음식메뉴명	영어 번역	중국어(간체) 번역
1	상차림	한정식 Han-jeongsik	Korean Table d'hote	韩定食(韩式套餐) hándìngshí (hánshìtàocān)
2	밥	곤드레나물밥 Gondeure-namul-bap	Seasoned Thistle with Rice	山蓟菜饭 shānjìcàifàn
3	밥	김밥 Gimbap	Gimbap	紫菜卷饭 zǐcàijuǎnfàn
4	밥	김치볶음밥 Kimchi-bokkeum-bap	Kimchi Fried Rice	泡菜炒饭 pàocàichǎofàn
5	밥	낙지덮밥 Nakji-deopbap	Spicy Stir-fried Octopus with Rice	章鱼盖饭 zhāngyúgàifàn
6	밥	누룽지 Nurungji	Scorched Rice	锅巴粥 guōbāzhōu
7	밥	돌솥비빔밥 Dolsot-bibimbap	Hot Stone Pot Bibimbap	石锅拌饭 shíguōbànfàn
8	밥	돼지국밥 Dwaeji-gukbap	Pork and Rice Soup	猪肉汤饭 zhūròutāngfàn
9	밥	밥 Bap	Rice	米饭 mǐfàn
10	밥	보리밥 Bori-bap	Barley Rice	大麦饭 dàmàifàn
11	밥	불고기덮밥 Bulgogi-deopbap	Bulgogi with Rice	烤牛肉盖饭 kǎoniúròugàifàn
12	밥	비빔밥 Bibimbap	Bibimbap	拌饭 bànfàn
13	밥	산채비빔밥 Sanchae-bibimbap	Wild Vegetable Bibimbap	山菜拌饭 shāncàibànfàn
14	밥	새싹비빔밥 Saessak-bibimbap	Sprout Bibimbap	嫩芽拌饭 nènyábànfàn
15	밥	소고기국밥 So-gogi-gukbap	Beef and Rice Soup	牛肉汤饭 niúròutāngfàn
16	밥	순댓국밥 Sundae-gukbap	Korean Sausage and Rice Soup	血肠汤饭 xuèchángtāngfàn

17	밥	쌈밥 Ssambap	Leaf Wraps and Rice	蔬菜包饭 shūcàibāofàn
18	밥	영양돌솥밥 Yeongyang—dolsot—bap	Nutritious Hot Stone Pot Rice	营养石锅饭 yíngyǎngshíguōfàn
19	밥	오곡밥 Ogok—bap	Five-grain Rice	五谷饭 wǔgǔfàn
20	밥	오징어덮밥 Ojingeo—deopbap	Spicy Squid with Rice	鱿鱼盖饭 yóuyúgàifàn
21	밥	우거지사골국밥 Ugeoji—sagol—gukbap	Napa Cabbage and Rice Soup	干白菜牛骨汤饭 gànbáicàiniúgǔtāngfàn
22	밥	우렁된장비빔밥 Ureong—doenjang—bibimbap	Freshwater Snail Soybean Paste Bibimbap	田螺大酱拌饭 tiánluódàjiàngbànfàn
23	밥	육회비빔밥 Yukhoe—bibimbap	Beef Tartare Bibimbap	生牛肉拌饭 shēngniúròubànfàn
24	밥	잡곡밥 Japgok—bap	Multi-grain Rice	杂粮饭 záliángfàn
25	밥	잡채덮밥 Japchae—deopbap	Stir-fried Glass Noodles and Vegetables with Rice	什锦炒菜盖饭 shíjǐnchǎocàigàifàn
26	밥	제육덮밥 Jeyuk—deopbap	Spicy Stir-fried Pork with Rice	辣炒猪肉盖饭 làchǎozhūròugàifàn
27	밥	제육비빔밥 Jeyuk—bibimbap	Spicy Pork Bibimbap	辣炒猪肉拌饭 làchǎozhūròubànfàn
28	밥	주먹밥 Jumeok—bap	Riceballs	饭团 fàntuán
29	밥	콩나물국밥 Kong—namul—gukbap	Bean Sprout and Rice Soup	豆芽汤饭 dòuyátāngfàn
30	밥	콩나물밥 Kong—namul—bap	Bean Sprouts with Rice	豆芽饭 dòuyáfàn
31	밥	회덮밥 Hoe—deopbap	Raw Fish Bibimbap	生鱼片盖饭 shēngyúpiàngàifàn
32	죽	삼계죽 Samgye—juk	Ginseng and Chicken Rice Porridge	参鸡粥 shēnjīzhōu
33	죽	잣죽 Jatjuk	Pine Nut Porridge	松仁粥 sōngrénzhōu

34	죽	전복죽 Jeonbok-juk	Abalone Rice Porridge	鲍鱼粥 bàoyúzhōu
35	죽	채소죽 Chaeso-juk	Vegetable Rice Porridge	蔬菜粥 shūcàizhōu
36	죽	팥죽 Patjuk	Red Bean Porridge	红豆粥 hóngdòuzhōu
37	죽	호박죽 Hobak-juk	Pumpkin Porridge	南瓜粥 nánguāzhōu
38	죽	흑임자죽 Heugimja-juk	Black Sesame Porridge	黑芝麻粥 hēizhīmázhōu
39	면	막국수 Makguksu	Spicy Buckwheat Noodles	荞麦凉面 qiáomàiliángmiàn
40	면	만두 Mandu	Dumplings	饺子 jiǎozǐ
41	면	물냉면 Mul-naengmyeon	Cold Buckwheat Noodles	冷面 lěngmiàn
42	면	바지락칼국수 Bajirak-kal-guksu	Noodle Soup with Clams	蛤蜊刀切面 hálídāoqiēmiàn
43	면	비빔국수 Bibim-guksu	Spicy Noodles	拌面 bànmiàn
44	면	비빔냉면 Bibim-naengmyeon	Spicy Buckwheat Noodles	拌冷面 bànlěngmiàn
45	면	수제비 Sujebi	Hand-pulled Dough Soup	面片汤 miànpiàntāng
46	면	잔치국수 Janchi-guksu	Banquet Noodles	喜面 xǐmiàn
47	면	쟁반국수 Jaengban-guksu	Jumbo Sized Buckwheat Noodles	大盘荞麦面 dàpánqiáomàimiàn
48	면	칼국수 Kal-guksu	Noodle Soup	刀切面 dāoqiēmiàn
49	면	콩국수 Kong-guksu	Noodles in Cold Soybean Soup	豆汁面 dòuzhīmiàn
50	면	회냉면 Hoe-naengmyeon	Cold Buckwheat Noodles with Raw Fish	辣拌斑鳐冷面 làbànbānyáolěngmiàn

51	국, 탕	갈비탕 Galbi-tang	Short Rib Soup	牛排骨汤 niúpáigǔtāng
52	국, 탕	감자탕 Gamja-tang	Pork Back-bone Stew	脊骨土豆汤 jǐgǔtǔdòutāng
53	국, 탕	곰탕 Gomtang	Beef Bone Soup	精熬牛骨汤 jīngáoniúgǔtāng
54	국, 탕	꽃게탕 Kkotge-tang	Spicy Blue Crab Soup	花蟹汤 huāxiètāng
55	국, 탕	대구맑은탕 Daegu-malgeun-tang	Codfish Soup	鳕鱼清汤 xuěyúqīngtāng
56	국, 탕	대구매운탕 Daegu-maeun-tang	Spicy Codfish Soup	鲜辣鳕鱼汤 xiānlàxuěyútāng
57	국, 탕	도가니탕 Dogani-tang	Ox Knee Soup	牛膝骨汤 niúxīgǔtāng
58	국, 탕	된장국 Doenjang-guk	Soybean Paste Soup	大酱清汤 dàjiàngqīngtāng
59	국, 탕	떡국 Tteokguk Sliced Rice	Cake Soup	年糕汤 niángāotāng
60.	국, 탕	떡만둣국 Tteok-mandu-guk	Rice Cake and Dumpling Soup	年糕饺子汤 niángāojiǎozǐtāng
61	국, 탕	만둣국 Mandu-guk	Dumpling Soup	饺子汤 jiǎozǐtāng
62	국, 탕	매운탕 Maeun-tang	Spicy Fish Stew	鲜辣鱼汤 xiānlàyútāng
63	국, 탕	미역국 Miyeok-guk	Seaweed Soup	海带汤 hǎidàitāng
64	국, 탕	복맑은탕 Bok-malgeun-tang	Puffer Fish Soup	河豚清汤 hétúnqīngtāng
65	국, 탕	복매운탕 Bok-meaun-tang	Spicy Puffer Fish Stew	鲜辣河豚汤 xiānlàhétúntāng
66	국, 탕	북엇국 Bugeo-guk	Dried Pollack Soup	干明太鱼汤 gànmíngtàiyútāng
67	국, 탕	삼계탕 Samgye-tang	Ginseng Chicken Soup	参鸡汤 shēnjītāng

68	국, 탕	설렁탕 Seolleongtang	Ox Bone Soup	先农汤 xiānnóngtāng
69	국, 탕	알탕 Altang Spicy	Fish Roe Soup	鱼子汤 yúzǐtāng
70	국, 탕	오이냉국 Oi-naengguk	Chilled Cucumber Soup	黄瓜凉汤 huángguāliángtāng
71	국, 탕	우거지갈비탕 Ugeoji-galbi-tang	Cabbage and Short Rib Soup	干白菜排骨汤 gànbáicàipáigǔtāng
72	국, 탕	육개장 Yukgaejang	Spicy Beef Soup	香辣牛肉汤 xiānglàniúròutāng
73	국, 탕	추어탕 Chueo-tang	Loach Soup	泥鳅汤 níqiūtāng
74	국, 탕	콩나물국 Kongnamul-guk	Bean Sprout Soup	豆芽汤 dòuyátāng
75	국, 탕	해물탕 Haemul-tang	Spicy Seafood Stew	海鲜汤 hǎixiāntāng
76	국, 탕	해장국 Haejang-guk	Hangover Soup	醒酒汤 xǐngjiǔtāng
77	국, 탕	홍합탕 Honghap-tang	Mussel Soup	贻贝汤 yíbèitāng
78	찌개	김치찌개 Kimchi-jjigae	Kimchi Stew	泡菜汤 pàocàitāng
79	찌개	동태찌개 Dongtae-jjigae	Pollack Stew	冻明太鱼汤 dòngmíngtàiyútāng
80	찌개	된장찌개 Doenjang-jjigae	Soybean Paste Stew	大酱汤 dàjiàngtāng
81	찌개	부대찌개 Budae-jjigae	Sausage Stew	火腿肠锅 huǒtuǐchángguō
82	찌개	순두부찌개 Sundubu-jjigae	Soft Tofu Stew	嫩豆腐锅 nèndòufǔguō
83	찌개	청국장찌개 Cheonggukjang-jjigae	Rich Soybean Paste Stew	清麴酱锅 qīngqūjiàngguō
84	전골	곱창전골 Gopchang-jeongol	Beef Tripe Hot Pot	肥肠火锅 féichánghuǒguō

85	전골	국수전골 Guksu-jeongol	Noodle Hot Pot	面条火锅 miàntiáohuǒguō
86	전골	김치전골 Kimchi-jeongol	Kimchi Hot Pot	泡菜火锅 pàocàihuǒguō
87	전골	두부전골 Dubu-jeongol	Tofu Hot Pot	豆腐火锅 dòufǔhuǒguō
88	전골	만두전골 Mandu-jeongol	Dumpling Hot Pot	饺子火锅 jiǎozǐhuǒguō
89	전골	버섯전골 Beoseot-jeongol	Mushroom Hot Pot	蘑菇火锅 mógūhuǒguō
90	전골	불낙전골 Bullak-jeongol	Bulgogi and Octopus Hot Pot	烤牛肉章鱼火锅 kǎoniúròuzhāngyúhuǒguō
91	전골	신선로 Sinseollo	Royal Hot Pot	神仙炉 shénxiānlú
92	찜	갈비찜 Galbi-jjim	Braised Short Ribs	炖牛排骨 dùnniúpáigǔ
93	찜	계란찜 Gyeran-jjim	Steamed Eggs	鸡蛋羹 jīdàngēng
94	찜	닭백숙 Dak-baeksuk	Whole Chicken Soup	清炖鸡 qīngdùnjī
95	찜	닭볶음탕 Dak-bokkeum-tang	Braised Spicy Chicken	辣炖鸡块 làdùnjīkuài
96	찜	묵은지찜 Mugeunji-jjim	Braised Pork with aged Kimchi	炖酸泡菜 dùnsuānpàocài
97	찜	보쌈 Bossam	Napa Wraps with Pork	菜包肉 càibāoròu
98	찜	수육 Suyuk	Boiled Beef or Pork Slices	白切肉 báiqiēròu
99	찜	순대 Sundae	Korean Sausage	血肠 xuècháng
100	찜	아귀찜 Agwi-jjim	Braised Spicy Monkfish	辣炖安康鱼 làdùnānkāngyú
101	찜	족발 Jokbal	Pigs' Feet	酱猪蹄 jiàngzhūtí

102	찜	해물찜 Haemul-jjim	Braised Spicy Seafood	辣炖海鲜 làdùnhǎixiān
103	조림	갈치조림 Galchi-jorim	Braised Cutlassfish	辣炖带鱼 làdùndàiyú
104	조림	감자조림 Gamja-jorim	Soy Sauce Braised Potatoes	酱土豆 jiàngtǔdòu
105	조림	고등어조림 Godeungeo-jorim	Braised Mackerel	炖青花鱼 dùnqīnghuāyú
106	조림	두부조림 Dubu-jorim	Braised Tofu	烧豆腐 shāodòufǔ
107	조림	은대구조림 Eun-daegu-jorim	Braised Black Cod	炖银鳕鱼 dùnyínxuěyú
108	조림	장조림 Jang-jorim	Soy Sauce Braised Beef	酱牛肉 jiàngniúròu
109	볶음	궁중떡볶이 Gungjung-tteok-bokki	Royal Stir-fried Rice Cake	宫廷炒年糕 gōngtíngchǎoniángāo
110	볶음	낙지볶음 Nakji-bokkeum	Stir-fried Octopus	辣炒章鱼 làchǎozhāngyú
111	볶음	두부김치 Dubu-kimchi	Tofu with Stir-fried Kimchi	炒泡菜佐豆腐 chǎopàocàizuǒdòufǔ
112	볶음	떡볶이 Tteok-bokki	Stir-fried Rice Cake	辣炒年糕 làchǎoniángāo
113	볶음	오징어볶음 Ojingeo-bokkeum	Stir-Fried Squid	辣炒鱿鱼 làchǎoyóuyú
114	볶음	제육볶음 Jeyuk-bokkeum	Stir-Fried Pork	辣炒猪肉 làchǎozhūròu
115	구이	고등어구이 Godeungeo-gui	Grilled Mackerel	烤青花鱼 kǎoqīnghuāyú
116	구이	곱창구이 Gopchang-gui	Grilled Beef Tripe	烤肥肠 kǎoféicháng
117	구이	너비아니 Neobiani Marinated	Grilled Beef Slices	宫廷烤牛肉 gōngtíngkǎoniúròu
118	구이	닭갈비 Dak-galbi	Spicy Stir-fried Chicken	铁板鸡 tiěbǎnjī

119	구이	더덕구이 Deodeok-gui	Grilled Deodeok	烤沙参 kǎoshāshēn
120	구이	돼지갈비구이 Dwaeji-galbi-gui	Grilled Spareribs	烤猪排 kǎozhūpái
121	구이	떡갈비 Tteok-galbi	Grilled Short Rib Patties	牛肉饼 niúròubǐng
122	구이	뚝배기불고기 Ttukbaegi-bulgogi	Hot Pot Bulgogi	砂锅烤牛肉 shāguōkǎoniúròu
123	구이	불고기 Bulgogi	Bulgogi	烤牛肉 kǎoniúròu
124	구이	삼겹살 Samgyeop-sal	Grilled Pork Belly	烤五花肉 kǎowǔhuāròu
125	구이	새우구이 Saeu-gui	Grilled Shrimp	烤虾 kǎoxiā
126	구이	생선구이 Saengseon-gui	Grilled Fish	烤鱼 kǎoyú
127	구이	소갈비구이 So-galbi-gui	Grilled Beef Ribs	烤牛排 kǎoniúpái
128	구이	소고기편채 So-gogi-pyeonchae	Sliced Beef with Vegetables	肉片菜丝 ròupiàncàisī
129	구이	양념갈비 Yangnyeom-galbi	Marinated Grilled Beef Ribs	调味排骨 diàowèipáigǔ
130	구이	오리구이 Ori-gui	Grilled Duck	烤鸭肉 kǎoyāròu
131	구이	장어구이 Jangeo-gui	Grilled Eel	烤鳗鱼 kǎományú
132	구이	황태구이 Hwangtae-gui	Grilled Dried Pollack	烤干明太鱼 kǎogànmíngtàiyú
133	전, 튀김	감자전 Gamja-jeon	Potato Pancakes	土豆煎饼 tǔdòujiānbǐng
134	전, 튀김	계란말이 Gyeran-mari	Rolled Omelet	鸡蛋卷 jīdànjuàn
135	전, 튀김	김치전 Kimchi-jeon	Kimchi Pancake	泡菜煎饼 pàocàijiānbǐng

136	전, 튀김	녹두전 Nokdu-jeon	Mung Bean Pancake	绿豆煎饼 lǜdòujiānbǐng
137	전, 튀김	메밀전병 Memil-jeonbyeong	Buckwheat Crepe	荞麦煎饼 qiáomàijiānbǐng
138	전, 튀김	모둠전 Modum-jeon	Assorted Savory Pancakes	煎饼拼盘 jiānbǐngpīnpán
139	전, 튀김	부각 Bugak	Vegetable and Seaweed Chips	干炸片 gànzhàpiàn
140	전, 튀김	빈대떡 Bindae-tteok	Mung Bean Pancake	绿豆煎饼 lǜdòujiānbǐng
141	전, 튀김	생선전 Saengseon-jeon	Pan-fried Fish Fillet	鲜鱼煎饼 xiānyújiānbǐng
142	전, 튀김	소고기전골 So-gogi-jeongol	Beef Hot Pot	牛肉火锅 niúròuhuǒguō
143	전, 튀김	송이산적 Songi-sanjeok	Pine Mushroom Skewers	松茸烤串 sōngróngkǎochuàn
144	전, 튀김	파전 Pajeon	Green Onion Pancake	葱煎饼 cōngjiānbǐng
145	전, 튀김	해물파전 Haemul-pajeon	Seafood and Green Onion Pancake	海鲜葱煎饼 hǎixiāncōngjiānbǐng
146	전, 튀김	화양적 Hwayangjeok	Beef and Vegetable Skewers	华阳串 huáyángchuàn
147	회	광어회 Gwangeo-hoe	Sliced Raw Flatfish	比目鱼生鱼片 bǐmùyúshēngyúpiàn
148	회	모둠회 Modum-hoe	Assorted Sliced Raw Fish	生鱼片拼盘 shēngyúpiànpīnpán
149	회	생선회 Saengseon-hoe	Sliced Raw Fish	生鱼片 shēngyúpiàn
150	회	육회 Yukhoe	Beef Tartare	生拌牛肉 shēngbànniúròu
151	회	홍어회무침 Hongeo-hoe-muchim	Sliced Raw Skate Salad	生拌斑鳐 shēngbànbānyáo
152	김치	겉절이 Geot-jeori	Fresh Kimchi	鲜辣白菜 xiānlàbáicài

153	김치	깍두기 Kkakdugi	Radish Kimchi	萝卜块泡菜 luóbokuàipàocài
154	김치	나박김치 Nabak–kimchi	Water Kimchi	萝卜片水泡菜 luóbopiànshuǐpàocài
155	김치	동치미 Dongchimi	Radish Water Kimchi	盐水萝卜泡菜 yánshuǐluóbopàocài
156	김치	무생채 Mu–saengchae	Julienned Korean Radish Salad	凉拌萝卜丝 liángbànluóbosī
157	김치	배추김치 Baechu–kimchi	Kimchi	辣白菜 làbáicài
158	김치	백김치 Baek–kimchi	White Kimchi	白泡菜 báipàocài
159	김치	보쌈김치 Bossam–kimchi	Wrapped Kimchi	包卷泡菜 bāojuànpàocài
160	김치	열무김치 Yeolmu–kimchi	Young Summer Radish Kimchi	萝卜缨泡菜 luóboyīngpàocài
161	김치	오이소박이 Oi–sobagi	Cucumber Kimchi	黄瓜泡菜 huángguāpàocài
162	김치	총각김치 Chonggak–kimchi	Whole Radish Kimchi	小萝卜泡菜 xiǎoluóbopàocài
163	장, 장아찌	간장 Ganjang	Soy Sauce	酱油 jiàngyóu
164	장, 장아찌	간장게장 Ganjang–gejang	Soy Sauce Marinated Crab	酱蟹 jiàngxiè
165	장, 장아찌	고추장 Gochu–jang	Red Chili Paste	辣椒酱 làjiāojiàng
166	장, 장아찌	된장 Doenjang	Soybean Paste	大酱 dàjiàng
167	장, 장아찌	양념게장 Yangnyeom–gejang	Spicy Marinated Crab	鲜辣蟹 xiānlàxiè
168	장, 장아찌	장아찌 Jangajji	Pickled Vegetables	酱菜 jiàngcài
169	젓갈	멸치젓 Myeolchi–jeot	Salted Anchovies	鳀鱼酱 tíyújiàng

170	젓갈	새우젓 Saeu-jeot	Salted Shrimp	虾酱 xiājiàng
171	젓갈	젓갈 Jeotgal	Salted Seafood	鱼虾酱 yúxiājiàng
172	기타 반찬	골뱅이무침 Golbaengi-muchim	Spicy Sea Snails	辣拌海螺 làbànhǎiluó
173	기타 반찬	구절판 Gujeolpan	Platter of Nine Delicacies	九折坂 jiǔzhébǎn
174	기타 반찬	김 Gim	Laver	海苔 hǎitái
175	기타 반찬	나물 Namul	Seasoned Vegetables	素菜 sùcài
176	기타 반찬	대하냉채 Daeha-naengchae	Chilled Prawn Salad	凉拌大虾 liángbàndàxiā
177	기타 반찬	도토리묵 Dotori-muk	Acorn Jelly Salad	橡子凉粉 xiàngzǐliángfěn
178	기타 반찬	오이선 Oiseon	Stuffed Cucumber	黄瓜膳 huángguāshàn
179	기타 반찬	잡채 Japchae	Stir-fried Glass Noodles and Vegetables	什锦炒菜 shíjǐnchǎocài
180	기타 반찬	죽순채 Juksun-chae	Seasoned Bamboo Shoots	竹笋菜 zhúsǔncài
181	기타 반찬	콩나물무침 Kong-namul-muchim	Seasoned Bean Sprouts	凉拌豆芽 liángbàndòuyá
182	기타 반찬	탕평채 Tangpyeongchae	Mung Bean Jelly Sallad	荡平菜 dàngpíngcài
183	기타 반찬	해파리냉채 Haepari-naengchae	Chilled Jellyfish Salad	凉拌海蜇 liángbànhǎizhē
184	기타 반찬	회무침 Hoe-muchim	Spicy Raw Fish Salad	凉拌生鱼片 liángbànshēngyúpiàn
185	떡	경단 Gyeongdan	Sweet Rice Balls	琼团 qióngtuán
186	떡	꿀떡 Kkultteok	Honey-filled Rice Cake	蜜糕 mìgāo

187	떡	백설기 Baekseolgi	Snow White Rice Cake	白米蒸糕 báimǐzhēnggāo
188	떡	송편 Songpyeon	Half-moon Rice Cake	松饼 sōngbǐng
189	떡	약식 Yaksik	Sweet Rice with Nuts and Jujubes	韩式八宝饭 hánshìbābǎofàn
190	떡	화전 Hwajeon	Flower Rice Pancake	花煎饼 huājiānbǐng
191	한과	강정 Gangjeong	Sweet Rice Puffs	江米块 jiāngmǐkuài
192	한과	다식 Dasik	Tea Confectionery	茶食 cháshí
193	한과	약과 Yakgwa	Honey Cookie	药果(蜜油饼) yàoguǒ(mìyóubǐng)
194	음청류	녹차 Nokcha	Green Tea	绿茶 lǜchá
195	음청류	매실차 Maesil—cha	Green Plum Tea	青梅茶 qīngméichá
196	음청류	수정과 Sujeonggwa	Cinnamon Punch	水正果(生姜桂皮茶) shuǐzhèngguǒ (shēngjiāngguìpíchá)
197	음청류	식혜 Sikhye	Sweet Rice Punch	甜米露 tiánmǐlù
198	음청류	오미자화채 Omija—hwachae	Omija Punch	五味子甜茶 wǔwèizǐtiánchá
199	음청류	유자차 Yuja—cha	Citrus Tea	柚子茶 yòuzǐchá
200	음청류	인삼차 Insam—cha	Ginseng Tea	人参茶 rénshēnchá

(주요 한식명(200개) 로마자 표기 및 번역(영, 중) 표준 시안– 국립국어원 2013년 10월10일)

제1과 고객맞이와 배웅하기

고객 맞기 (어서 오세요)

1. 환영합니다! (어서 오세요)!
2. 안녕하세요! / 여러분 안녕하세요!
3. 좋은 아침입니다. (점심/오후/저녁)
4. 들어오세요.
5. 실례합니다.
6. 실례합니다.
7. 실례합니다.
8. 실례합니다.

고객에게 말 걸기(무엇을 도와 드릴까요?)

1. 무엇을 사려고 하시나요?
2. 무엇을 사고 싶으세요?
3. 뭘 좀 사고 싶으세요?
4. 제가 도와드릴까요?
5. 아닙니다. / 아니예요. / 단지 보기만 할게요.
6. 도와드릴까요?
7. 뭘 좀 도와드려도 될까요?
8. 제가 소개를 해드려도 될까요?
9. 천천히 보세요.
10. 편한 대로 보세요.
11. 천천히 고르세요.
12. 저에게 보여 주세요.
13. 저에게 좀 보여 주세요.
14. 이걸로 주세요.

고객에게 양해 구하기 (죄송합니다. 물건이 다 팔렸습니다.)

1. 잠깐만 기다려 주세요.
2. 오래 기다리시게 해서 미안합니다.
3. 오래 기다리게 했습니다. 양해 바랍니다.

4. 미안합니다. 매진입니다. / 모두 팔렸습니다. / 없습니다.
5. 언제 물건이 들어오나요?
6. 말씀 중에 미안합니다만....
7. 한 번 더 말씀해주세요.
8. 한 번 더 말씀해 주실 수 있나요?
9. 한 번 더 말씀해 주시겠습니까?
10. 중국어를 조금 할 줄 압니다. (한국어 / 일본어 / 영어)
11. 죄송합니다. 저는 중국어를 할 줄 모릅니다.
12. 미안합니다만, 전 중국어를 잘하지 못합니다.
13. 중국어 할 줄 아는 사람을 불러 오겠습니다. 잠시만 기다려 주세요.
14. 미안합니다. 못 알아들었습니다.
15. 좀 천천히 말씀해 주세요.
16. 별일 아닙니다.
17. 괜찮습니다.
18. 별말씀을요.
19. 사양하지 마세요.
20. 그럴 필요 없습니다. (고맙다고 인사할 필요가 없다는 의미)
21. 정말 죄송합니다.
22. 미안합니다.

고객 배웅하기 (즐거운 쇼핑되세요.)

1. 감사합니다.
2. 안녕히 가세요.
3. 살펴 가세요.
4. 다음에 또 오세요.
5. 다음에 또 오시길 환영합니다. (다음에 또 오세요.)
6. 다음에도 또 와 주십시오.
7. 다음에 또 오시길 바랍니다.
8. 감사합니다. 조심히 가세요.
9. 감사합니다. 즐거운 쇼핑되세요.
10. 저희 가게를 찾아주셔서 감사합니다.

11. 살펴 가세요. 다음에 또 오세요.

12. 즐거운 여행 되시고, 다음에 또 오십시오.

가격 흥정(싸게 해 주실 수 있나요?)

1. 어떻게 팔아요?

2. 하나에 얼마에요?

3. 모두 얼마입니까?

4. 잔돈을 바꿔주실 수 있나요?

5. 거스름돈을 잘못 주셨네요.

6. 저와 함께 저기 있는 계산대로 가시죠.

7. 계산을 도와드리겠습니다.

8. 미안하지만, 줄을 서서 기다려 주십시오.

9. 너무 비싸군요!

10. 좀 싸게 되나요?

11. 좀 깎아 주세요!

12. 좀 더 깎아 주세요!

13. 최저가격에 주세요.

14. 너무 비싸서 안사겠어요!

15. 다른 곳도 좀 둘러보고 다시 얘기하죠.

16. 이곳은 할인이 안됩니다.

17. 이곳은 정찰제입니다.

18. 깎아 드릴 수가 없습니다.

19. 저희 이곳은 정찰제라 할인이 안됩니다.

20. 이것은 저희 회사에서 정한 가격이라 마음대로 바꿀 수가 없습니다.

21. 미안합니다. 이것은 저희(회사) 규정입니다.

22. 좋습니다. 천 원 싸게 해드리죠.

23. 더 이상 싸게는 안됩니다.

24. 더 이상 싸게는 안되지만, 증정품(상품권)은 드릴 수 있습니다.

25. 한 개를 사시면, 하나를 더 드립니다. (1+1)

26. 두 개를 사시면 좀 싸게 드릴게요.

27. 지금 세일 중입니다.

28. 오늘은 특별 할인중입니다.

29. 지금은 세일 기간입니다.

30. 미안합니다만, 지금은 세일 기간이 아닙니다.

31. 지금은 백화점 세일 기간입니다.

32. 지금 30% 할인 중입니다.

지불방법 (현금으로 하실 건가요, 카드로 하실 건가요?)

1. 계산은 어떻게 해 드릴까요?

2. 현금으로 하시겠습니까, 카드로 하시겠습니까?

3. 현금으로 계산하실 건가요, 아니면 카드로 계산하실 건가요?

4. 달러로 하시겠습니까, 한화로 하시겠습니까?

5. 카드는 일시불로 하시겠습니까, 할부로 하시겠습니까?

6. (할부는) 몇 개월로 하시겠습니까?

7. 여기에서는 중국 은련카드로 결제를 하실 수 있습니다.

8. 미안하지만, 여기서는 카드를 사용하실 수 없습니다.

9. 고객님의 신용카드는 사용하실 수 없습니다. 다른 신용카드는 없으신가요?

10. 미안합니다만, 여기서는 신용카드를 받지 않습니다. (달러 / 인민폐)

11. 여기에 서명해 주십시오.

12. 비밀번호를 입력해 주세요.

13. 고객님의 여권과 비행기표를 제시해 주십시오.

14. 영수증이 필요하신가요?

15. 영수증과 물품인도장을 잘 챙기세요.

16. 죄송합니다. 계산이 잘못됐습니다.

17. 5만원 받았습니다. 만 5천원을 거슬러 드릴게요.

환불 / 교환 / 반품 (영수증을 가져오시면 환불이 가능합니다.)

1. 새 것으로 교환해 드리겠습니다.
2. 환불을 하시려면 영수증이 필요합니다.
3. 교환은 가능하지만, 환불은 안 됩니다.
4. 환불은 안되고, 교환만 가능합니다.
5. 이 상품은 환불이나 교환이 안 됩니다.
6. 개봉을 하거나 사용한 상품은 환불이 불가능합니다.
7. 사용하시기 전에, (사용)설명서를 자세히 읽어보십시오.

제품 포장 (따로 포장해 드릴까요?)

1. 포장해 드릴까요?
2. 포장을 원하십니까?
3. 어떻게 포장할까요?
4. 전부 따로 포장해 드릴까요?
5. 쇼핑백 하나에 다 넣어도 될까요?
6. 따로 포장해 주세요.
7. 포장은 무료입니다.
8. 포장지는 100원입니다.
9. 포장 값은 따로 1,000원을 받습니다.
10. 잠시만 기다려 주십시오. 포장해 드리겠습니다.
11. 선물 포장을 해드릴까요?
12. 예쁘게 포장해 주세요.

제3과 화장품(1)

점원 : 어서오세요, 무엇을 도와 드릴까요?
고객 : 친구에게 줄 선물을 사고 싶은데요.
점원 : 그럼 이 스킨은 어떠세요?
모공 수축과 피지를 억제하는 기능을 가지고 있습니다.

고객 : 네, 그럼 이걸로 주세요! 얼마입니까?
점원 : 하나에 2만원입니다. 싸죠?
고객 : 그럼 세 개 주세요.
점원 : 알겠습니다. 현금으로 하실 건가요, 아니면 신용카드로 하실 건가요?
고객 : 카드로 할게요.
점원 : 네. 여기에 서명해 주세요. 이건 영수증입니다. 잘 챙기세요.
고객 : 감사합니다.
점원 : 별 말씀을요. 다음에 또 오십시오.

제4과 화장품(2)

점원 : 어서 오세요! 들어오세요. 무엇이 필요하신가요?
고객 : 그냥 둘러 봐도 될까요?
점원 : 그럼요. 편하게 둘러보세요.
고객 : 미안하지만, 저걸 좀 보여 주실 수 있나요?
점원 : 이 랑콤 립스틱 말씀이신가요?
고객 : 네.
점원 : 여기 있습니다.
고객 : 좀 옅은 걸로 주시겠어요. 진한 색을 별로 안 좋아해서요.
점원 : 바로 이겁니다. 한 번 발라 보세요.
제 생각에는 옅은 색이 더 잘 어울리는 것 같아요.
고객 : 좋아요. 이걸로 할게요. 아이섀도는 어딨어요?
점원 : 아이섀도는 여기 있습니다. 이 분홍색이 괜찮습니다.
고객 : 분홍색으로 주세요. 같이 계산해주세요.

제5과 향수

점원 : 안녕하세요! 향수를 찾으세요?

고객 : 네.

점원 : 고객님이 쓰실 건가요, 아니면 친구에게 선물하실 건가요?

고객 : 제가 쓸 것과 친구 것도 살려구요. 추천 좀 해주시겠요?

점원 : 고객님 분위기를 보니. 꽃향기의 향수가 잘 어울릴 것 같습니다.
이 향수는 어떠세요?

고객 : 향을 맡아봐도 될까요?

점원 : 당연하죠. 제가 도와드릴께요.

고객 : 오! 향이 좋네요. 옆에 있는 이것도 향을 좀 맡아 봐도 될까요?

점원 : 이건 과일향 향수인데, 젊은 여자들에게 인기가 많습니다.

고객 : 출근할 때 사용할거니까 아무래도 좀 옅은 향이 좋겠어요.

점원 : 그럼 이걸 맡아보세요.
향이 깔끔하고 우아한 게 직장여성에게 가장 잘 어울리죠.

고객 : 정말 좋네요. 이걸로 할게요. 포장해주세요.

제6과 의류

점원 : 어서 오세요. ㅇㅇ상점입니다. 무엇을 도와드릴까요?

고객 : 제가 둘러볼게요.

점원 : 네. 천천히 보세요. 마음에 드는 게 있으시면 절 불러주세요.

고객 : 이 파란색 치마를 보여주세요.

점원 : 네, 잠깐만 기다리세요. 이건 최신상품입니다.

고객 : 옷감의 재료가 뭐죠?

점원 : 순면입니다. 이 옷은 손세탁이 가능합니다. 사이즈가 어떻게 되시나요?

고객 : 저는 일반적으로 M 사이즈입니다.

점원 : 한 번 입어 보시죠. 저기 탈의실이 있습니다.

고객 : 딱 맞네요.

점원 : 색깔이나 스타일, 모두 고객님께 잘 어울리네요.

고객 : 다른 색깔도 있나요?

점원 : 당연이 있죠. 하지만 파란색은 이번 여름 유행하는 색입니다.

고객 : 그럼 파란색으로 주세요.

제7과 신발

점원 : 안녕하세요! 어떤 모양의 신발을 원하시나요?

고객 : 가죽 구두를 좀 보고 싶은데요. 이 신발이 참 예쁘네요.

점원 : 이 하이힐은 어떠세요? 젊은이들에게 인기가 많습니다.

고객 : 전 높은 걸 좋아하지 않아요. 굽이 비교적 낮은 것은 없나요?

점원 : 있습니다. 신발 폭이 비교적 넓은 것도 있어요.
신발 사이즈가 어떻게 되시나요?

고객 : 240호 신어요.

점원 : 이 스타일의 상품은 좀 크게 나온 겁니다. 이걸로 신어보세요.

고객 : 감사합니다. 정말 편하네요. 얼마입니까?

점원 : 12만원입니다. 마침 바겐세일 중입니다.

고객 : 좀 비싼데요. 좀 싸게 해주세요.

점원 : 죄송합니다. 이미 할인이 된 것입니다. 지금 사시면 수지 맞는 겁니다.

고객 : 좋아요. 이걸로 할게요.

점원 : 포장 상자에 넣어 드릴까요?

고객 : 네, 감사합니다.

제8과　가방

점원 : 안녕하세요! 무엇을 원하시나요?

고객 : 전 핸드백을 찾고 있어요.

점원 : 여기 많은 종류의 것들이 있습니다. 천천히 보세요.

고객 : 저기에 있는 것은 모두 새로 출시된 건가요?

점원 : 이건 올해 신상품입니다. 깜찍하고 섬세한 게 고객님께 특히 잘 어울리네요.

고객 : 단지 이 한 가지 색깔 밖에 없나요?

점원 : 있습니다. 검은색, 흰색, 파란색, 분홍색도 있습니다. 한번 들어 보세요.

고객 : 이 핸드백 소재는 무엇인가요?

점원 : 소가죽으로 만든 겁니다. 가볍고 튼튼하죠.

고객 : 음~, 이게 좋군요. 얼마예요?

점원 : 20만원입니다. 다른 가게에 비해 많이 쌉니다.

고객 : 좋습니다. 이걸로 주세요.

점원 : 감사합니다. 잠깐만 기다려주세요.

제9과　기념품

점원 : 어서 오세요. 무엇을 찾으시나요?

고객 : 친구에게 선물할 것을 사고 싶은데요.

점원 : 저희 가게에는 각양각색의 기념품들이 있습니다.

고객 : 그럼, 한복을 입은 인형도 있나요?

점원 : 이건 어떠세요? 많은 여행객들이 사가는 겁니다.

고객 : 정말 귀여워요. 선물할 건데 포장해주실 수 있나요?

점원 : 선물포장은 무료입니다. 또 다른 것도 필요하신가요?

고객 : 반지를 사고 싶어요.

점원 : 앉아서 천천히 보세요. 이 백금반지는 어떠세요?

고객 : 전 디자인이 심플한 걸 원합니다.

점원 : 이 반지는 여성분들이 좋아하는 디자인입니다. 한번 껴 보세요.

고객 : 정말 예쁘네요. 하지만 좀 더 예쁜 건 없나요?
이 반지가 괜찮네요. 좀 보여주세요.

점원 : 정말 안목이 있으시네요. 이 반지는 깔끔하고 아름다워요.

고객 : 이걸로 할게요. 예쁘게 포장해주세요.

제10과　특산품

점원 : 어서오세요. 저희는 특산품을 전문적으로 팔고 있습니다.

고객 : 홍삼제품을 사려고 합니다. 아빠, 엄마께 선물하려구요.

점원 : 여기 홍삼차, 홍삼농축액, 홍삼절편, 홍삼사탕 등이 있습니다.

고객 : 상품의 질은 좋고 가격은 저렴한 것으로 찾고 있어요.

점원 : 우리 가게에도 질 좋은 저렴한 홍삼제품이 있습니다. 이걸 좀 보세요.
이건 1상자에 15달러, 3상자에 35달러입니다.

고객 : 좋아요! 전 3상자에 35달러짜리로 할게요.
또 한국전통 물건도 원하는데, 어떤 걸 사는 게 좋을까요?

점원 : 김치, 미역, 구운 김, 부채, 가면 등, 이런 것들 모두 한국 전통 물건들입니다.
특히 이 소포장된 김치는 여행객들에게 가장 인기가 많은 상품입니다.

고객 :   소포장 김치는 어떻게 파나요?

점원 :   한 봉지에 인민폐 25원입니다. 큰 것은 인민폐 120원이구요.

고객 :   그럼 큰 걸로 하나 주세요. 이것들은 무엇입니까?

점원 :   이것들은 모두 제주특산품입니다. 감귤, 한라봉, 감귤초콜릿, 토종벌꿀, 마른 옥돔 등입니다. 선물용으로 가장 잘 팔리는 것입니다. 필요하신가요?

고객 :   감귤초콜릿은 얼마입니까?

점원 :   이건 1상자에 30조각 든 것으로 1만원이고, 저건 1상자에 45조각 든 것으로 1만5천원입니다. 지금 3상자를 사시면 1상자를 더 드리고 있습니다. 어떠십니까?

고객 :   45조각 든 것으로 3상자 주세요.